五南出版

一八七四年那一役 牡丹社事件

真野蠻與
假文明的對決

五南圖書出版公司 印行

臺灣史上首位抗日英雄原住民阿魯克父子，率領族人對日抗戰。｜陳佳琪 畫／楊孟哲 文

1874 年 5 月 22 日，日軍率領三千六百多名士兵，從射寮島登陸，以三面包圍對牡丹社、高士佛社展開激烈的攻擊，歷史上稱為「石門之役」，戰況激烈，雙方各有死傷。

朝貢船遇到風浪漂流的畫面。｜陳佳琪 畫／楊孟哲 文

1871 年琉球王朝（尚泰 24 年）宮古島島主，仲宗根玄安率領朝貢船，共 69 名，農曆 11 月 6 日，因遇到颱風，漂流到臺灣南方，現屏東縣牡丹鄉八瑤灣海域，不慎走錯方向，步入了牡丹鄉高士佛社部落。

李鴻章對慈禧奏摺。 ｜陳佳琪 畫／楊孟哲 文

1871 年八瑤灣事件發生後，清廷曾積極安撫琉球王國子民，並有賠償撫卹，1874 年日軍藉故出兵，提出外交手腕，清官毛昶熙一句「殺人者為置之化外的生番」，被日軍用以對清廷施壓，演變成一場戰役，清廷最終授權李鴻章全權代表處理。

琉球人接受排灣族招待食物。｜陳佳琪 畫／楊孟哲 文

1871 年 11 月 6 日，琉球人民漂流到八瑤灣，不熟悉當地環境，誤入高士佛領地，進入牡丹鄉高士佛社，船難以後，琉球人飢寒交迫，身上手臂又有刺青，和排灣族的原住民有部分的雷同。

琉球人不明原因下被殺害。｜陳佳琪 畫／楊孟哲 文

1871 年 11 月 6 日，琉球人民漂流到八瑤灣，進入牡丹鄉高士佛社，一開始受到當地族人地瓜粥的招待，但是族人發現食物不夠給人數眾多的他們吃，於是準備上山打獵。此時琉球人看著部落勇士集結並配戴武器，心裡非常害怕，琉球人趁著部落族人不注意時離開，琉球人無故離開的舉動，讓族人感到疑惑與無禮，於是進入防衛戒備的氛圍。後來在雙溪口找到琉球人，卻因雙方言語無法溝通，以致於發生爭執與對抗，混亂衝突中，造成五十四名琉球人身亡。

楊友旺帶著禮物及水牛和原住民交換 12 位琉球人民。｜陳佳琪 畫／楊孟哲 文

當時琉球人和臺灣漢人，同文而不同案，同樣受中國儒教文化影響、文字可以互通，因此
琉球人民被追殺時，在臺灣通事楊友旺的搶救下，僅存的 12 位琉球人，平安送往臺南府，
在安置以後，從臺灣轉往福州。

李仙得向日軍提供臺灣情資，並建議出兵。｜陳佳琪 畫／楊孟哲 文

1871年琉球國宮古島漂民五十四人於瑯嶠遭原住民殺害，李仙得獻策，中國政教不及「番地」，日本可用「番地無主論」作為出兵臺灣的藉口，並向日本提供臺灣的地圖與相關資料，外交官副島種臣聞言大感興奮。

兩派為征韓對立的畫面。│陳佳琪 畫／楊孟哲 文

北海道函館獨立戰爭失敗以後，日本恐內戰再起，日本國內對於朝鮮的問題爭論不休，1873 年所謂征韓論在日本鬧得沸沸揚揚，主戰派如西鄉隆盛、板垣退助、江藤新平、後藤象二郎、副島種臣等，主張以武力干預朝鮮國政。但該觀點遭到了學者田村貞雄、岩倉具視、大久保利通、木戶孝允等人的反對，西鄉隆盛因此造反，造成之後的西南之亂。

（疑似）日軍進入部落裡面，到處放火焚燒部落。｜陳佳琪 畫／楊孟哲 文

1874 年日軍久攻不下排灣族部落，戰事不利西鄉等，買通射麻里 16 番社，禮品等賄賂部落頭目，同年 6 月 2 日，日軍抵達通往牡丹社山口，北路軍開進女仍社，南路軍下午抵達高士佛社。

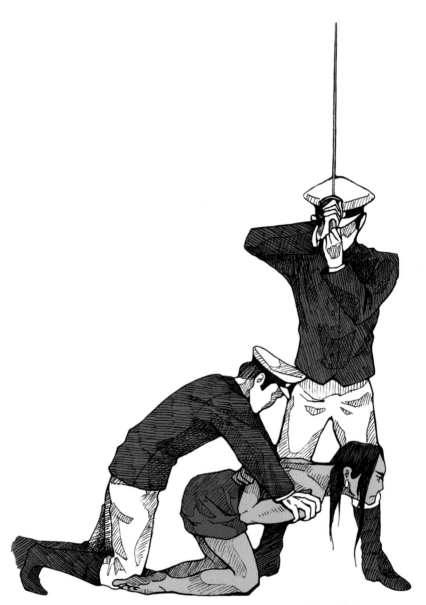

（模擬）牡丹勇士被日軍俘虜砍頭的畫面。｜陳佳琪 畫／楊孟哲 文

石門戰役以後，阿魯克父子戰死，被日軍砍下首級，並丟棄於荒野，至今下落不明，傳說1874 年日軍撤退之前竟在部落裡蒐集了部分原住民的殘骸遺骨，帶回琉球充當 1874 年琉球人的遺骸。

先島諸島

沖繩諸島

奄美諸島

琉球
分島論

美國前總統格蘭特調停李鴻章和伊藤博文雙方的示意圖。｜陳佳琪 畫／楊孟哲 文

1871 年清朝與日本簽訂了「中日通商章程」，日本方面稱《日清修好條規》，雙方剛要友好的開始，卻因為琉球國人民被牡丹社原住民殺害，日軍藉此議題展開對清朝的談判。

1874 年，牡丹社事件爆發；1879 年日本正式併吞琉球王國，清朝無力反抗，恰巧美國退休總統格蘭特訪問亞洲，李鴻章邀請他從中協調，希望回復琉球王國，奄美諸島歸屬日本，先島諸島（八重山）歸屬清朝，但此提議是失敗的。

歐代被日軍強行帶往日本，後面是一位穿著和服的日本人，形成強烈的對比。│陳佳琪 畫／楊孟哲 文

牡丹少女歐代 otai（vayaiung.tjaljiravar），1874 年 6 月日本軍進入牡丹山區，被抓走，並強行帶走
東京，成為日軍戰利品，在日本展示所謂臺灣的蠻族，有留下一張照片，半年後被送回牡丹，成為
人與族人間最大的犧牲者，最後於山林中孤寂而亡。

推薦文

　　當1874年日軍在南臺灣恆春半島插上太陽旗時，搖醒了還不敢相信日本入侵臺灣的北京總理衙門諸大臣，但激發了臺灣恆春半島的排灣族等各族群捍衛家園的鬥志。因日本出兵臺灣，使得琉球國王處於中日之間的夾縫，左右爲難，坐立難安，卻沒有任何對策而任憑日本擺布，淪爲滅國的命運。這是140年前發生在東亞海域上的不幸事件，也是東亞近代史上臺灣原住民首度成爲「野蠻與文明」交叉點的事件。

　　從日本的角度來說，這是嘗試「脫亞」的實驗，是學習西方殖民理論，用武力強行入侵他國，合理化征服異族，一旦成功即可成爲日本對付亞洲各國、各民族的基本模式。因此使人省思，到底侵略行爲是「野蠻」，還是爲拓展「文明」而不得已的手段？被冠上「野蠻」者非要受到侵略不可？然而，「琉球王國」原本也是個「文明」國家，並非「野蠻」，卻仍被日本吞掉？臺灣原住民並非「野蠻」，知道「人道」保護漂流難民，卻意外的因爲搶奪交換利益，造成高士佛社與牡丹社間產生爭執，演變成馘首事件。這純是意外，可是之後竟變成爲日本入侵的藉口。

　　本書向讀者提出了一道歷史性的命題：到底什麼是「野

蠻」？什麼是「文明」？是否從「真假」能分辨出來？因此，本書提供回到1874年日本入侵臺灣事件，與排灣族牡丹社阿魯克率領的抗日事件，以及琉球王國的抵抗等史實，激發讀者的獨立思考。讀者諸君傾聽，被攻打的排灣族的聲音，國家被消滅的琉球人的聲音，以及中國在外交上被逼到牆角，居於弱勢困鬥與哀愁等。

　　本人認為本書最大特色是，反省了過去讚美強勢者成功故事的謬誤，而為彰顯受逼迫、遭欺凌者所發出聲音。盼望人們能從弱勢立場來思考歷史，以獲得更多人的共鳴，而揚棄帝國主義侵略合理化思維，更是人民奮起奪回歷史解釋權，所應該堅持下去的努力。

傅琪貽

2015年7月10日

於臺灣日本綜合研究所

目 次

推薦文
傅琪貽教授（藤井志津枝）｜前政治大學日文系教授

萬國公法秩序的加入和日本軍國主義化的起點

纐纈厚｜日本國立山口大學專任教授、副校長／申荷麗譯

一、出兵臺灣的地位和日本帝國的成立

　　做爲近代國家遲於歐美列強起步的日本，於1889年（明治22年）2月11日公布了大日本帝國憲法、以後正式起用「大日本帝國」國號。所謂的「帝國日本」登上了歷史舞臺。然而，在通常的見解上確立帝國日本地位的是，1895年明治28年4月，通過日清戰爭的勝利，與清國諦結講和條約，戰爭賠款2億兩（約3億日元）使清國割讓領土臺灣和澎湖列島，成爲殖民地領有國的階段。

　　可是，在130年前，也就是日清戰爭開始的20年前1874年（明治7年）日本爲加強帝國地位已經開始發動對外戰爭。也就是日本明治國家以來，首次出兵臺灣（臺灣稱之爲牡丹社事件）。

水野遵（1851年-1900年）

愛知縣出身，日本政治官僚、貴族院議員、眾議院書記官長、臺灣總督府民政長官。

1871年到清國留學。

1874年6月，隨部隊出兵到臺灣。

1875年6月，聘為教育部事務司，後擔任長崎英語學校校長。

1883年4月，任命為參事院官員，之後擔任共同輔導員、法制局參事。

1891年11月，擔任眾議院書記官。

1892年，升任書記長。

1895年，被任命為原臺灣總督首任民政局局長。

樺山資紀（1837年-1910年）

鹿兒島人，戊辰戰爭爆發後從軍。

1871年，擔任陸軍少尉。

1872年，籌劃臺灣出兵，在西南戰役擔任司令官，後晉升陸軍少將，再轉任海軍。

1886年，任海軍次官。

1892年，擔任內閣海軍部部長等海軍軍令部部長。

1895年，甲午戰爭爆發，晉升海軍大將，同年五月擔任臺灣首任總督。

在戰後日本的歷史學研究裡，對於這次出兵臺灣的研究，包括在日清戰爭時，對臺灣軍事佔領的研究在內，與日清，日俄戰爭等明治時期的對外戰爭相比，除部分優秀成果以外，總體看來少而不足。

其中的原因來看，推遲資料蒐集工作，分析當時日本對亞洲外交政策時，過於把日清，日朝關係特殊化（1871年日清修好條約，1876年日朝修好條約），對於日臺關係史研究沒有獨自的觀點。與此同時，把日臺關係作為日清關係一部分的傾向，而疏忽了它本身的局限性。

在戰後日本的歷史學裡，通常把日清戰爭認做為「日本首次正式的對外遠征」（出兵海外的第一步），本著探求出兵臺灣的歷史意義和認識歷史事實的原則，本人的發表以下各點為中心。

就是說，第一目標是強調對於上述日本的歷史學研究的不足，直到出兵臺灣，從明治政府的臺灣政策和軍事、外交路線的內容中來看，出兵臺灣作為軍事擴張的第一步，作為極為周到的策劃出的國家戰略有著重要的地位。

第二目標是論證在帝國日本成立20年後的日清戰爭和對臺灣軍事佔領的過程中，出兵臺灣作為當時日本國家戰略的影響。換而言之，指出出兵臺灣對以後的日本帝國主義和軍國主義發展有著怎樣的影響。

二、出兵臺灣成爲成立帝國日本的機會

帝國日本的成立和展開於1874年出兵臺灣的歷史的意義有以下的認識。

第一，原本明治國家作爲帝國主義國家的性格和構造內在的要說契機，設定到底尋求什麼的問題。關於這個點應該做怎樣的解答？報告者認爲需要深深地抓住1874年強行出兵臺灣，在1895年的佔領臺灣作戰的意義。對臺灣出兵和怎麼理解在甲午戰爭時候的臺灣軍事佔領作戰的互相關係問題時，我想「從『擺脫華夷秩序』進入萬國公法秩序」的分析角度預先討論。

第二，出兵臺灣及佔領臺灣，全都是根據所謂「文明化」的思想體系，他隱藏了侵略性，排外性，從強調出兵政策和佔領政策的正義性，來驗證所謂明治現代國家是日本帝國主義的本質和「近代化」的反面。

那也是做爲甲午戰爭的背景，日本有識之士們對甲午戰爭的評價和特徵，可以說嘗試著順著日本的侵略思想的家譜前進。

對於問題認識，在臺灣出兵和臺灣佔領中，被採用的手法是以後帝國日本的殖民地獲得和膨漲政策上成爲常用手段，很大地歪曲了戰後的日本人對臺灣的認識，可以做爲一個原因來說。

確實，戰前的很多日本人，與這個「文明化」思想體系的滲透一起，支持殖民地化政策和侵略戰爭，在這種思想下，戰後日本人對臺灣的認識沒有充分解放出來。

因此我想首先預先指出的是，第一，戰後日本的歷史學研究，臺灣出兵及臺灣佔領的歷史的位置沒有被認識和確定，從日本的臺灣殖民地統治，正常而且整齊地被提升到一般的水平中，沒能從這種程度的基本認識充分擺脫出來。

同時戰後臺灣的「親日的感情」也支撐了其存在，日本的臺灣殖民地化責任的自覺和課題的克服。也意味著面對歷史真相，在總結教訓的過程中，日本的研究人員沒有做充分的基本的工作。

第二，是再次考慮在明治國家形成過程中「文明化」的意義。「文明化」在促進國內的近代化的意識的水平發揮具有滲透力，同時在對外擴張這一點中，把被殖民地者看作「野蠻人」和啓蒙的對象者，與自己的使命自我規定的「文明化」聯繫起來。那個過程，把所有暴力，侵略的思想體系，野蠻行為正當化，那個「文明化」思想體系，就實際的歷史過程追究處理，預先是明確根據怎樣的文言來主張其欺瞞性。

眾所周知，開始出兵臺灣，從由於1871年（明治4年）9月

1874年日本國內發生征韓論等論著。作者煙山專太郎。

13日簽訂了的日清和睦條文規定，尋求日清關係對等化。，當時被稱爲「華夷秩序」的朝貢系統編入的琉球王國爲了作爲「琉球藩」歸屬日本，明治國家在內外明確化這個事實，1874年（明治7年）是5月22日的臺灣出兵。

即是作爲這個開始，1871年琉球的漁民66人漂至臺灣，其中54名被牡丹社的居民殺害事件。做爲報復措施出兵臺灣。這個時候，西鄉從道，做爲「日本帝國政府的義務」宣言了對臺灣的報復措施「討藩的公理從此獲得」。總之，臺灣出兵的目的是爲了對內外表現琉球的日本歸屬化的證明行爲的。

可以認爲正是這個「討藩的公理」，明治國家1894年的臺灣佔領作戰的背景變成了自我正當化成爲臺灣出兵的國家的體質，當時最大外交上的懸案的修改條約，並發動了甲午戰爭。

把甲午戰爭稱爲「文明的戰爭」就是說「國家文明＝日本」和「野蠻國家＝清」，這樣宣傳日清戰爭對明治時代國家來說在那裡決定發起戰爭和成功得到國民的支持。福沢喻吉以及內村鑑三作爲當時的著名學者解釋爲「文明」國家的正當權利行使，並且積極支持了戰爭。

現在成爲眾所周知的事實，但是日本渴望佔領臺灣的背景，做爲亞洲的帝國主義國家擁有殖民地是必不可少的要素。外務大

役の臺征年七治明び及墓の名四十五民藩琉
りあに埔領統るな里二約方北の城春恒は墓

1874年日軍攻打石門古戰場作戰圖。

「臺灣原住民酋長伊碩及隨員之畫像」

德國攝影師所拍攝1874年的照片製成石板畫，中丸精十郎作，原著收藏在神戶
市立美術館。

臣陸奧宗光在『賽賽錄』中爲了與歐美各國對抗，就政治上，經濟來說，朝鮮和佔領臺灣也被認爲是燃眉的課題。但是正忙與俄羅斯周旋，並且在臺灣問題必然是最優先的政策。

圍繞這種觀點，在被清國的編入華夷秩序並被認爲「化外之地」的臺灣，發生的牡丹社事件（1871年1月）。明治政府在短時間裡，在1874年2月6日（明治7年）時內閣會議決定「臺灣蕃地處分要領」。

第一條「臺灣土族的部落是清國政府政權不波及地，證據在以前清國出版的書籍也顯示，特別去年，前參議副島種臣出使清朝時，他的回答也能判明，具備無主之地的道理。因而要我作爲蕃屬的琉球人民被殺害的做相應報復，日本帝國政府的義務在這裡也能得到根據。那樣得到的結果，與清國有所爭議，也在所難免。」（原文片假名），明治政府對位於華夷秩序外的臺灣發動軍事行動。

當時在明治政府內對臺灣出兵問題的姿態不一致。1874年4月18日，木戶孝表明反對出兵的意思而辭職。同時，山縣有朋和伊藤博文也是消極議論者。同時英國，美國，俄羅斯和日本的臺灣出兵政策也有做不合作的態度，結果，明治政府中止了臺灣出兵。

　　然而，被任命爲臺灣藩地事務局都督（臺灣遠征軍司令官），已經在長崎港做向臺灣出發預備的西鄉從道陸軍中將，採取了對明治政府的中止決定異議，5月2日讓先鋒部隊出發。前往長崎勸阻西鄉的大久保利通勸導失敗，結果做出事後承認。最終，投入了約1000萬日元的戰爭費用和約3600名兵員強行出兵臺灣。

　　侵略臺灣後，明治政府對事後處理，所謂「賞金說」和「領有說」的二個選項展開了討論，對佔領而付出的財政負擔來判斷，「賞金說」（賞金和交換清國歸還佔領地）被採用了。在當時的階段，證明了還沒有轉變成對殖民地領有國的資本，和維持的軍力。

　　在這樣的情況下，中日兩國間的談判開始了，最終清國方面認可日本的臺灣出兵「義舉」，賠償日本50萬兩（約77萬日元），日本從臺灣撤退。10月31日，中日兩國間簽訂了「互換條款」「互換表單」，作爲各自的領土，清國對臺灣，日本對琉球達成互相同意的結果。

　　這次臺灣出兵的解決方法所表示的，對清國來說日本政府基本上是重新容納了，作爲中國外交原理的華夷秩序及冊封體制的現狀。因此這個時期，選擇向中國朝貢冊封爲朝鮮國王的與朝

鮮的關係愼重的姿勢。在當時，朝鮮是向清朝和日本同時朝貢關係，特別是，所謂日本和琉球締結的對等關係。

三、脫離華夷秩序加入萬國公法（國際法）秩序

　　通過以牡丹社事件爲契機的明治國家最初的海外派兵──出兵臺灣，政府內認識到亞洲地區早晚也會到和帝國主義諸國展開炙熱的對立與競爭的時代，從而表現出了從清國的華夷秩序中解體出來的意向。明治政府提出脫離進而解體華夷秩序的理論，取而代之的是加入萬國公法秩序。這是由於明治政府通過直視經濟及軍事上存在差距的事實，認爲以獨立國家在法律上對等、平等爲原則的秩序，才是普遍的世界秩序。

　　萬國公法與階層型秩序的華夷秩序不同，可以說是橫排型的秩序。由於萬國公法是遵照國際法，依據一定的規則、規範形成的秩序，對新興國家的日本來說是很適合的世界秩序。

　　但是，萬國公法秩序並非否定戰爭、侵略及殖民地政策，所以必然的具備了帝國主義秩序的性質。做爲亞洲的新興國家，通過學習西歐的近代化從而準備開始蹬上一等國臺階的日本來說，

以富國強兵政策為口號，在萬國公法的秩序中培養實力被認為是妥當的國家戰略。在這個意思上，通過出兵臺灣，明治政府內外產生了以通過這個機會解體華夷秩序，形成萬國公法秩序為目標的國家戰略。其結果就是在甲午戰爭中，切斷了清國與朝鮮的關係，造成了華夷秩序的空洞化。

此外，清國雖然一方面認為臺灣是「化外之地」，一方面又規定臺灣為自己的領土，所以在與日本交涉的時候，曾設想到了交涉決裂的可能性，從而傾向戰爭不可避論。事實上，在日本軍從臺灣撤離之後，清國加強了對臺灣的干涉上來看也證明了清國的立場。從清國先與日本簽訂了中日修好條約（1871年9月13日）以後，又容忍了日朝修好條約（1876年2月27日）上來看，清國在某種程度上也保有了參加國際法秩序的姿態。

但是，在日本出兵臺灣中，清國在發現自己的領土臺灣有被佔領的可能性，表現出超出日本預想的過剩反應來，臺灣是清國領土的一部分，即使是「化外之地」，說明了清國具有鮮明的堅決保護華夷秩序的姿態。可以說清國的這種姿態是20年後甲午戰爭構造中的重要因素。

換個視角來說，甲午戰爭是以日本出兵臺灣為開端的萬國公法秩序和清國傳統的華夷秩序的衝突，具有近代亞洲再編過程中

不可避免的濃厚性格。所以，單單從圍繞朝鮮領有權的帝國主義對立論或霸權爭奪論來定位出兵臺灣是不充分的。

四、明治政府內部的臺灣政策與其後的展開

與日本出兵臺灣不無關係的甲午戰爭，於1895（明治27）年4月17日簽訂的中日講和條約中規定，臺灣、澎湖列島歸日本所有。以反對把臺灣割讓給日本的臺灣漢人有力者・地主層爲中心的臺灣民眾宣布了臺灣民主國的「建國宣言」（5月23日），開始了抵制殖民地化的運動。

然而，對於日本來說，當時元老之一的松方正義曾主張，臺灣是「南門的關鍵」，也是「北守南進政策的第一駐足點」，佔領了臺灣就保證了可以直接向印度支那半島及馬來半島，甚至南洋群島膨脹。也就是說，明治國家的指導者已經明確定位，此後臺灣將眞正成爲日本南攻政策的一大基地。

從德國、俄羅斯、法國等列強在同一時期，也對臺灣及澎湖列島抱有強烈的關心這一狀況來看，日本著急軍事佔領臺灣也有欲制其先機的打算。從這個意思上來說，即使在臺灣的軍事行動

1895年日帝佔領臺灣後，1936年在石門古戰場、四重溪的入口前山丘上再建「西鄉都督遺跡碑」以表示日帝勝利的光榮，光復以後碑文已經被改成「澄清海宇還我河山」。

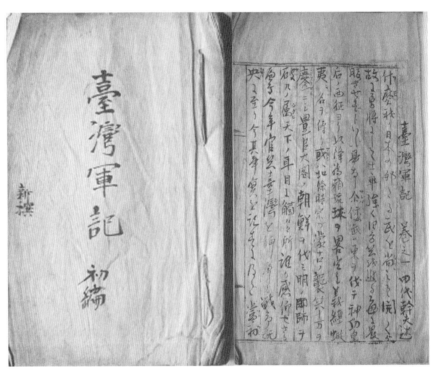

田代幹夫編著的《臺灣軍記》，從1874年明治七年出版到1875年，共分一
編、二編、三編上、三編下、四編共五本。

要付出莫大的犧牲，即使對臺灣進行嚴酷的鎮壓佔領，也要佔領臺灣，說明了在與帝國主義諸列強角逐的過程中，做爲帝國主義國家日本的鮮明立場。

在佔領臺灣的過程中，日本變成了眞正的帝國主義國家；同時，日本佔領臺灣也是強烈定位日本帝國主義性格的重大歷史事實。日本在臺灣展示出了使用軍事力量殘酷統制與鎮壓亞洲民眾體系的同時，全面推廣了狹隘民族主義的排外主義與歧視意識。

因此，在研究產生過剩的軍事至上主義的原因時，以上具有帝國主義性格的背景是必不可少的視點之一。但是，在戰後日本的歷史研究中，不得不說從出兵佔領臺灣的角度來分析日本帝國主義性格的視點，依然比較薄弱。與此相對，日本的朝鮮殖民地統制和侵華戰爭的研究成爲全體的主流，所以筆者認爲應該在日臺關係上有所新的展開。

從這一點來說可以確定，以牡丹社事件跟出兵臺灣這兩個事件爲媒介在日臺關係史中構築新的歷史像，是分析研究出兵臺灣和甲午戰爭後日本的帝國主義及日本的軍國主義時不可缺少的歷史研究物件。

下面，大概整理牡丹社事件，出兵臺灣，以及甲午戰爭後日本帝國主義的發展過程。

在甲午戰爭結束10年後發生了日俄戰爭，日本在1905（明治38）年9月與俄國簽訂的條約中獲得了南樺太和租借地關東州及滿鐵附屬地。續之在1910（明治43）年8月強行吞併了朝鮮。並在1914（大正3）年8月站在聯盟一側與德國開戰，取得了德領密克羅尼西亞中的俾斯麥群島。像這樣日本帝國以戰爭爲手段，完成了資本主義化與近代化。在不到半個世紀的時間裡，日本做爲和列強一樣的殖民地佔有國（殖民地帝國），擴大了帝國日本的經濟圈。

對於帝國日本來說，擴大並維持經濟圈，並確保從其支配領域取得利益，成爲甲午‧日俄戰爭後最大的國家目標。換言之，日本獲得的領地被名副其實的做爲經濟圈而有效利用，爲此，爲了整備獲得的利益能夠還原到日本國內的這一構造，就要求依據一定的方針進行戰略經營。綜上所述，可以把日本帝國的經營內容和經營戰略稱爲「帝國經營」。

所謂帝國經營，並非當時日本的指導者們所使用的詞彙。在甲午‧日俄戰爭以後，成爲殖民地佔有國的日本，把殖民地及佔領地區當做國家發展的基礎。通過使用「戰後經營」一詞，直接把爲準備日俄再戰而調整國家體制，發展國力做爲目的。

同時，圍繞「戰後經營」的方法，統治層內部也存在複雜

的對立與協調的關係，最終為了維持經營不斷擴大的佔領地域，而必須保持強大的軍事力，並在佔領地施行強權統治體制，從而導致國力疲憊。所以，「戰後經營」在此意思上，不僅僅只是佔領地的「經營」，也成為日本帝國發展過程中極為重大的內在壓力，同時在亞洲太平洋戰爭時期也成為外在壓力，從內外兩側動搖了日本帝國。

　　也就是說，從「戰後經營」這個當時日本指導部很熱衷於口的口號，成為決定了帝國日本發展的課題這個角度來說，「帝國經營」不僅僅停留在以殖民地為首的佔領地的「經營」問題上，應該做為跟政治、經濟、外交、軍事等諸領域有關的課題而受到注目。事實上，圍繞著「帝國經營」，在製定日本國內的政治、軍事、外交政策的內容上，國家指導部也存在反覆的對立與妥協。為此，可以說通過瞭解帝國經營的實際狀況，就可以瞭解日本近代史的本質。

五、結語

日本帝國所經營的對象地域，是以「本土」爲基點成同心圓擴散狀的。到亞洲太平洋戰爭結束爲止，日本把臺灣和朝鮮兩個直轄殖民地做爲中心，以結合「滿洲」（中國東北部）、中國形成「東亞新秩序」爲目標。然後以這個「日滿華」爲核心，形成以廣大地域爲物件的經濟圈──「大東亞共榮圈」。

日本的「大東亞共榮圈」，是在與英、法、美等先發展起來的資本主義諸國已經形成的固有經濟圈的對抗關係中摸索出來的主張。在資本與技術上處於劣勢的日本，爲了挽回劣勢不得不形成過度依賴軍事力的體制。

日本帝國以甲午、日俄戰爭爲開端，在第一次世界大戰後佔領了南太平洋上的密克羅尼西亞，進而在亞洲太平洋戰爭中毅然軍事佔領了東南亞地區，成功地把該地區變爲實質上的殖民地並進行了市場化。爲此，以日本帝國的本身──「本土」爲基軸，直轄殖民地（臺灣・朝鮮）──傀儡國家「滿洲帝國」及半殖民地的中國──軍事佔領的英領馬來西亞、印尼、菲律賓等等的佔領地，形成了以日本本土爲圓心，層層環繞日本帝國的二重三重的同心圓。

　　雖然這些佔領地都是通過直接的戰爭或者軍事力威脅得到的，但是它們所持有的價值絕不是一樣的。做為甲午戰爭的「戰利品」得到的臺灣，做為砂糖和樟腦等農產品的生產地，能夠彌補日本國內生產的不足，而受到重視。朝鮮則做為將來成為大陸國家日本的駐足點（橋頭堡）而被意識到其價值所在。

　　也就是說，各個被日本佔領的地區，都被附加上了經濟、軍事等多種價值。雖然對價值的認識上，日本帝國的指導層與國民意識並沒有完全統一起來，但在亞洲太平洋戰爭中奪取東南亞及太平洋諸島時，是明確認識到它們的價值所在的。

　　例如：1943（昭和18）年5月31日，在御前會議中決定的〈大東亞政略指導大綱〉中認為西里伯斯（又稱蘇拉威西島）・蘇門答臘・爪哇・婆羅州（加里曼丹島的舊稱）等地具有「做為帝國領土及決定性重要資源供給源，應極力開發並努力把握民心」的價值。

　　像這樣具有多重目的的被佔領地區，同時也是能產生軍事及經濟利益的物件。為了維持這樣的利益，並進一步擴大佔領地這一「經營」戰略，成為日本佔領臺灣・朝鮮以後的構想。

　　帝國經營的內容決不是統一的，而是多樣化的。有在臺灣和朝鮮那樣的直轄殖民地設立總督府，通過軍政統治的形式直接進

行統治的地方；也有像「滿洲」那樣的，採取間接統治的形式，對外宣稱是滿族在自主營運政治，而實質上是做為日本的「傀儡國家」被徹底統治的地方；還有緬甸、菲律賓那樣的，一面承認其「獨立」，而事實上將其做為「保護國」以便貫徹日本的統治的地方。

在以上歷史中，「戰後經營」一詞所概括了日本帝國主義在其殖民地及佔領地區「經營」的本質，爲此，有必要使用「帝國經營」一詞來再度整理歷史關係。可以說出兵臺灣是開創了帝國經營萌芽狀態的契機，在此後的歷史中，臺灣成爲帝國經營中最爲活躍地開展起來的地方。所以，從這個角度出發，應進一步考查與研究臺日關係史。

參考資料

1. 沖繩県文化振興会公文書管理部史料編集室，《概説沖繩の歴史と文化》，沖繩：沖繩県教育委員会，2000年。

2. 宮城栄昌，《沖繩の歴史》，東京：日本放送出版協会，1984年。

3. 山城智史，〈日清琉球帰属問題と清露イリ境界問題—井上馨・李鴻章の対外政策を中心に〉，《沖繩文化研究》，37號，2011年。

4. 船橋洋一，《現在，如何面對歷史問題》，岩波書局，2001年。

5. 秦郁彦，《昭史2的爭點—日本人的常識》，文藝春秋，2003年。

6. 高信・魚住昭，《被矇騙的責任》，高文研，2004年。

7. 星野芳郎，《試問日本軍國主義的源流》，日本評論社，2004年。

8. 子安宣邦等編，《作爲歷史共有體的東亞》，藤原書店，2007年。

9. 《近代日本思想史講座7—近代化和傳統》，筑摩書店，1959年。

10. 大江志乃夫，《近代日本與亞洲》，三省堂，1967年。

2004年舉辦「牡丹社事件130年歷史與回顧國際學術研討會」暨牡丹社事件歷史文獻資料展現場（由又吉盛清教授提供）。

琉球亡國之命運——以牡丹社事件爲觀點

比屋根亮太｜臺灣大學政治學研究所博士生

　　牡丹社事件與琉球國的命運是一系列東亞國際環境的激變結果，十九世紀末西力東漸刺激日本走向帝國主義化與擴張主義，卻也使中國對外影響力的弱化，而琉球最後被迫從朝貢體系釋出，成爲日本擴張主義下的祭品。本文亦主張琉球國視牡丹社事件僅爲日本的現代化以及擴張主義帝國主義化過程的一部分，且牡丹社事件後，日本全盤支配著琉球國的命運。

　　眾所皆知，1871年琉球人民遇害的八瑤灣事件乃日本進攻臺灣的開端，回顧歷史，琉球人民在臺灣遇害的事件並不鮮見，而八瑤灣事件爆發後，清廷與琉球王府官員已經遵循既有慣例處理完畢。然而，日本政府不承認琉球與清廷實行多時的處理模式，反而以此事件爲口實，片面對臺灣出兵，引發了牡丹社事件。儘管當時日本是否已具備帝國主義的明確目標仍有爭議空

間，但不可否認擴張主義的傾向已昭然若揭，且東亞國際環境的激變加速推進了日本的對外強硬政策。不論是從臺灣還是從琉球的觀點來看，牡丹社事件可以看成是日本對外強硬政策的一環。

此外，清廷在鴉片戰爭與太平天國之後走向衰落，但仍舊嘗試按照既有的朝貢體制架構來解決問題，企圖避免與日本發生戰爭的考量，無法阻止日本侵犯琉球主權，最後犧牲了琉球權益。至於琉球方面，基於長期從日本政府借貸以避免財政崩潰的事實，自然難以對日本採取強硬的態度。由此可見，清廷與琉球兩者皆無法阻止日本的擴張政策，結果，牡丹社事件不僅是日本對臺灣與琉球併吞過程的一部分，也是刻印日本向帝國主義擴張過程的一個代表性事件。

一、琉球財政危機與第一次琉球處分

17世紀以來，歐美在亞洲開始設立貿易據點，造成原本依賴中間貿易爲生的琉球國收入衰退，失去貿易國琉球國，又遭自古以來薩摩藩入侵並向琉球徵稅，而1868年薩摩藩爲了想擊垮在江戶德川幕府的勢力，向琉球王國恐嚇索取更高的稅金，導致

原本貿易收入劇減的琉球王府陷入財政危機，當時琉球爲了突破
其困境，對琉球平民課以重稅（所謂的人頭稅），特別是在宮古
與八重山。不過，琉球本身農業生產不足，故農產欠收使得琉球
王府財務狀況惡化。當時中國剛結束第二次鴉片戰爭與平定太平
天國，故對於琉球發生的財務問題也無法顧及。

　　雖然1870年前後的琉球財政幾近破產的主要原因是1861年
以來薩摩藩經常改變貨幣匯率造成的經濟混亂，以及1866年爲
招待宗主清廷冊封使，而向民間（薩摩商人）與薩摩藩借了巨額
借款，以完成中國對琉球王的冊封大典。但是當時薩摩藩制定的
「貢糖制」措施，以及1871年薩摩藩又改變貨幣匯率，也都使
琉球財務雪上加霜。財政空虛的琉球國在1872年不得不使明治
政府擔任保證人，從東京國立銀行借了日幣20萬。此後，明治
政府開始對琉球實行「廢琉置縣」處分的部署。

　　當時在明治政府內部，有許多關於琉球國重新定位的討論，
例如，以擴大皇國（日本）的規模觀點爲觀點說服琉球國讓其承
諾版籍奉還或以日本對清外交以及國際公法上爲觀點與清廷做交
涉讓清廷承諾琉球國的「日本專屬論」、以日清聯合爲觀點明確
的讓琉球國屬於日清兩國的「日清兩屬論」、以琉球國改成琉球
藩並將國王改成藩王的藩王冊封措施（所謂的「第一次琉球處

分」）的「琉球=日本專屬」等等。最終在1872年，明治政府決定採用「琉球=日本專屬」，換言之，琉球變成「帝國的一部」的程序大抵完成。同時，在那霸的薩摩藩在番奉行所停止改為日本外務省出差所，並且琉球的外交權移到日本外務省，而推動琉球歸屬日本的國內手續之明確化。琉球當局事前察覺到明治政府未來琉球併吞的企圖，但是為了明治政府的保證以避免財政破產，而無法採取迴避冊封的有效對策。不過，明治政府對琉球的「琉球藩的政治體系與國體永遠不會改」約定以及默認繼續使用「琉球國王之印」進貢，讓琉球王府得以讓步妥協。

二、中國對外影響力的弱化

十九世紀初期，西方勢力在亞洲布局的結果，東亞國際秩序巨變，當日本轉向帝國主義化與擴張主義時，大清帝國國勢卻走向衰退，面臨著外患與內亂的雙重困境。為了避免與逐漸強勢的日本發生戰爭，清廷仍舊嘗試按照既有的朝貢體制架構來解決對外關係，最終清廷無法阻止日本侵犯琉球主權，犧牲了琉球權益。

　　清末，中國爲了維持自己的封建支配體制一直對外採行鎖國政策，直到1840年，英國以武力打敗了閉關自守的大清帝國，此即爲鴉片戰爭，亦爲中國近代史的起點，其作爲分水嶺，中國自始走向衰退。被英國打敗的清廷簽署了《南京條約》，這也是中國對外簽署的第一個不平等條約，而自此之後中國不得不開放門戶。

　　接著，1850年，中國開始持續了15年「滅滿興漢」的太平天國民眾革命運動，清廷對其運動的鎮壓使原本因戰事衰敗的清廷國力更加衰弱。鎮壓太平天國民眾革命運動期間，歐美列強侵略中國的活動逐漸轉爲激烈，1856年爆發第二次鴉片戰爭，清廷於1858年與俄國、美國、英國以及法國簽署《天津條約》；1860年與英國、法國以及俄國簽署《北京條約》。固然歐美列強簽署這些條約之後，爲了保護自身在中國的利益，協助清廷對太平天國的鎮壓。但是，歐美列強以戰事與條約逼迫清廷開放門戶之後，清廷仍以維持中華文化自居，不接受歐美文明，直到1860年代初期，中國開始自強運動（洋務運動），對於現代化的觀念才開始有了改變，而中國當時的現代化以二元的方式進行，一方面對亞洲維持華夷秩序的政策，另一方面開始學習歐美文明。

　　1872年，自強運動已經在中國進行了十年，此時日本爲了將琉球劃爲自己的領土，將琉球國改成琉球藩並將琉球國王改成藩王的藩王冊封措施，此即所謂的「第一次琉球處分」，然而此舉依照清廷進行自強運動的二元思維，對日本維持朝貢體系遠重於干預日本的「琉球處分」，而李鴻章當時的言論也透露避免與日本發生衝突，期待日本能與中國一同抵禦歐美的侵略。他認爲中國應像日本一樣推動現代化，現代化後的明治政府成功抵禦英國侵略，且說中國若以自強運動增強自身實力，則日本可能見風轉舵轉向支持中國；但倘若中國無法增強其實力，則日本會站在西方，並且學習西方來瓜分中國利益。

　　因此，對於1874年的牡丹社事件，清廷認爲對臺灣出兵可能會造成的中日戰爭，破壞華夷秩序。就像李鴻章說的，若中國全力投入戰爭，則未必會戰勝（中國以全力爭之，未必遂操全勝），且另一方面清廷缺少海防能力，故戰爭對中國比較不利。故清廷決定賠償日本50萬兩，以阻止日本瓦解華夷秩序的企圖，同時尋找與日本合作之路。

1874年日軍侵略臺灣牡丹鄉，「臺灣戰爭圖」，下岡蓮杖1876年畫，靖國神社藏。

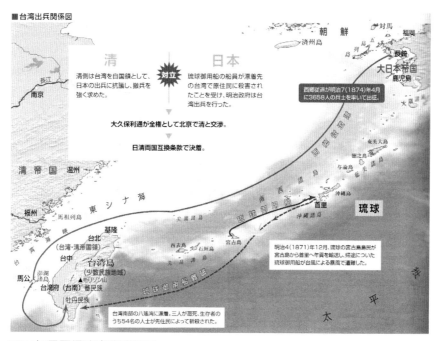

1874年日軍侵略臺灣路線圖。

1874年戰爭結束後，日軍在此設立紀念碑，碑文的上面加了一個「大日本」，以表琉球人民為日本所管轄的屬國，是政治一種野蠻行為，當時琉球乃是一個獨立王國。

1874年牡丹社事件，高士佛社及牡丹社原住民勇士抗日石門古戰場歷史現場，
但和以前的樣貌地形已大不相同。

三、牡丹社事件

　　不論是從臺灣還是從琉球的觀點而言，牡丹社事件可以看成是日本對外強硬政策的一環，但實際上，從歷史回顧來看，琉球人民在臺灣遇害的事件並不鮮見。琉球船隻因颱風而在臺灣遇害的事件從1720年到1872年之間曾發生過46次，例如1871年發生的八瑤灣事件之前，1810年有八重山的船漂抵臺灣，發生16名病死，6名被出草的事件，1814到1817年之間有5艘船以上50名漂流而失蹤或被出草。這一百五十餘年間琉球人在臺灣遇害，然日本皆未對清廷提出抗議或採取報復措施。

　　作爲一個依靠中介貿易生存的琉球國，一直以來，早與明、清政權發展出對應的遇害事件處理機制，1871年發生的琉球人民在臺遇害的八瑤灣事件亦已依照過去慣例處理完畢，即管轄臺灣的福建地方官員向朝廷報告，福州琉球館受令保護倖存的琉球人民，待琉球的入貢船赴中，即將倖存的琉球人民送返琉球，清廷對生番提出臺灣地方官員調查與處分令，然後再由琉球向中國送感謝文。然而，日本政府不承認琉球與清廷實行多時的處理模式，反而以此事件爲口實，片面對臺灣出兵，引發了牡丹社事件。八瑤灣事件乃日本進攻臺灣的開端，同時，該起事件也成爲

日本展開兼併琉球國的藉口。

　　對清廷而言，清廷不滿明治政府的派兵之舉，然而爲避免引爆對日戰爭，卻只能向日本讓步。清廷認爲日本違反《中日修好條規》（日文：日清修好條規），並對日本外務省提出抗議，此舉險些引發日清戰爭的危機。

　　然而，日本出兵的其中一個原因是1872年日本得到美國的支持與建議，其主張是臺灣的東南部是個蕃地而沒有中國的實效統治，並且在國際法上是「無主之地」，因此中國的主權外可以先佔殖民化。日本對臺灣出兵其實不只包含了琉球屬於日本的既成事實化，且包含了臺灣「蕃地領有」的擴張主義。

　　1873年日本爲了對臺灣出兵，領著「蕃民征討」的證據，派日本官員到中國協商。在協商過程中，中國官員提到，雖然遇難生還的琉球國民已由琉球國領回且該事件與日本毫無關係，但同時也提到臺灣的原住民可以區分爲「生番」與「熟番」兩種，歸順清廷且被教化的叫「熟番」；相反地，此次殺害琉球國民的是「生番」，即還沒歸順的「化外之民」，就是沒政教的「番族」。

　　1874年5月日本派遣3,600位軍人佔領臺灣東南部，其即所謂的牡丹社事件，牡丹社事件後日本與清廷交涉，其焦點是臺灣另

有主權而不是琉球問題。清廷主張日本軍隊應立刻撤出臺灣，日本則主張「無主野蠻」之地的先佔權領有論，由於日本的「蕃地領有」沒有得到國際的支持，且當地日本軍人遭受瘧疾肆虐，透過當年英國駐清公使館威妥瑪（Thomas Francis Wade）的調解，日本與清廷簽署《日清兩國間互換條款及互換憑單》（日文：日清兩國間互換條款及互換憑單），暫時避開了中日戰爭，為牡丹社事件畫下句點。但其條約內容間接地暗示琉球國的命運，即日本對臺灣出兵是為了「保護」「日本國的屬民」，日本就此獲得了琉球歸屬日本的證據。

四、結語

以琉球國本身的觀點看待與解讀牡丹社事件，全盤採納傳統上中國大陸與臺灣學界認為牡丹社事件是日本帝國主義入侵的主因。具體而言，為了有效理解牡丹社事件對琉球國自身的影響，琉球國與清廷關係、琉球國與日本中央政府關係、琉球國與薩摩藩關係等等的糾葛，研究發現牡丹社事件再次反映出中、日、美等國際強權的縱橫捭闔與利益算計，因而成為導致日本走向近代

尚泰（1843年－1901年）

為琉球國第二尚氏王朝第十九代國
王，也是最後一位琉球國中山王。
1874年至1879年在位，尚泰是尚
育王與王妃向元貞的次子。

道光24年（1844年），長兄尚濬
死後，尚泰被立為世子。

國家以及帝國主義道路的代表性事件。

1872年6月八瑤灣事件的倖存者回來之後，鹿兒島縣（薩摩藩）官員伊地知貞馨調查後，向鹿兒島縣參事大山綱良報告。大山綱良接到其報告，向明治政府做該臺灣出兵之報告。聽到其消息的琉球國朝廷（王府）的最高執政機構三司官懇求大山綱良停止對臺灣出兵。其原因在於遇害生存者於中國的保護之下回來，而且琉球擔心若日本介入關於琉球與清廷之間的管理機制，會影響到清廷的進貢關係。牡丹社事件之後的1874年7月，琉球國接到明治政府的召開遇難琉球人慰靈祭之命令，琉球對其命令以「造成國難」理由提出撤回請求。

日本透過牡丹社事件將琉球的歸屬問題得到優勢之後，日本開始加速對琉球的主權歸屬。首先，日本在1875年公布禁止琉球藩與中國冊封朝貢，而撤除福州琉球館，貿易事務由日本廈門領事館接手，並且日本「保護藩內」的名目決定在琉球派遣軍隊（熊本鎮臺琉球分遣隊）。其次，日本將琉球藩的所轄從外務省移到內務省，且在那霸的外務省出差所改爲內務省出差所，而加強了統治體制。接著，日本繼承了琉球對外條約，接收司法權而逐漸準備讓併吞琉球成爲既成事實。

在1875年從7月開始關於上述的改革事項裡，尤其是日本命

大山綱良（1825年-1878年）

1825年出生於鹿耳島，1868年戊
辰戰爭、奧羽鎮撫總督府參謀，新
政府成立後，任鹿兒島縣參事。
1873年征韓論爆發，辭職歸鄉，
私自成立學校。
1877年鹿兒島西鄉政變出兵，西
南戰爭提供資金援助給西鄉軍、
軍敗北後遭逮捕、長崎斬首、享年
53。

令琉球停止對清廷受封與朝貢的舉動無異於兩屬的終結（日清兩屬裡的對歸屬清朝的總結），琉球當局與明治政府主要是內務官員（「琉球處分官員」）松田道之有多次談判，直到1879年廢琉置縣爲止。在1875年的談判琉球藩王向松田寄送請求書，琉球是因爲擁有日本與中國的附屬與指導之下才維持下來，因此對琉球而言日中兩國是「父母之國」，「幾萬世不相替」，停止對中國冊封是與「親子之道」一樣忘卻累世厚恩失去信義，因此請求永久持續其日中兩國的奉公。

當時琉球王府不只對明治政府不斷地懇求維持現狀，而且琉球將自己的立場宣傳至日本國內外輿論，例如，琉球官員寄送「琉球救國請願書」給曾經與琉球國前條約的駐日美國、法國以及荷蘭的公使，其內容是明治政府的琉球對清朝進貢至禁止命令會影響琉球國的存亡。但這些歐美國家沒有干涉琉球問題，而且日本也擔憂琉球問題國際化，而明治政府廢止了琉球官員的東京藩邸勤番，並且命令琉球官員歸鄉，再加上爲了加速琉球併吞過程，再度派遣「琉球處分官員」赴琉球。雖然以上的琉球國以及清廷的抗議，在1879年日本派出大約400名軍人與大約160個警察，實行「第二次琉球處分」將琉球藩改稱爲沖繩縣。

從八瑤灣事件之後，琉球政府對日本積極改變琉球現狀政策

越來越感到憂心。隨著日本對琉球態度更明顯地積極，琉球政府對清廷要求保護琉球的態度也越來越積極。

　　李鴻章接到琉球政府的保護要求，透過美國前總統（Hiram Ulysses Grant）與日本談琉球歸屬問題。當時其實李鴻章憂慮若日本又進攻臺灣的話，會失去中國進太平洋的海路。因此，格蘭特提出「琉球二分島之案」，使臺灣與琉球之間的群島作爲緩衝，即琉球本島下面的宮古與八重山屬於中國，而琉球以及北部的島屬於日本。在1880年，日本在將《中日修好條規》修改爲中國接受日本與歐美國家一樣最惠國待遇前提之下，接受與中國談判。換言之，日本爲了獲得歐美國家一樣最惠國待遇，而將宮古與八重山做交換籌碼。不過，李鴻章提出三分案，即奄美大島以北是日本，琉球維持現狀獨立國，琉球南部的宮古、八重山屬於中國。日本對其提案不接受，交涉一直沒有達成協議之下，加上清廷與俄羅斯帝國之間發生歸還新疆伊寧地區的問題，使清廷放棄三分案，轉而簽署二分島之案。

　　不過，反對分島提議且期望在琉球本島復興琉球國者手段益發激烈，甚至有一位琉球官僚城裡之子親雲上（中文名字：林世功）在中國自刃，以上問題以及伊寧問題的解決使李鴻章延後簽署。但中日之間在1882年朝鮮問題等等的比琉球分島問題重大

事件接二連三發生，使得琉球歸屬問題遭到擱置。

　　原本八瑤灣事件與牡丹社事件爆發時，琉球國最理想的狀況是維持現狀，即維持現有的華夷秩序之下繼續向清廷朝貢，也就是琉球國爲了求生存，故採取保持不倒向任何一國之生存策略。但是當時日本帝國主義的正在發酵外，當時中國對其周遭藩屬地影響力早已逐漸衰退，使琉球國面臨無法維持現狀的難題。再加上，1870年代初面臨財政破產的琉球國爲避免財政崩潰，向日本政府借貸，自然難以對日本採取強硬的態度，故琉球國的對外關係愈來愈受制於日本。此後琉球國之命運就掌握日本手中，喪失自主權。19世紀末，琉球成爲日本走向帝國主義化以及中國華夷秩序崩解下的祭品，即便琉球仍希望以傳統主導其內政與外交。但無奈國際局勢所迫，清廷與琉球雙方皆無法阻止日本帝國的擴張政策。

參考資料

1. 栗原純，〈臺湾事件（一八七一～一八七四年）─琉球政策の転機としての臺湾出兵─〉，《史學雜誌》，第87編第9號，1978年。

2. 葉偉敏，〈清朝完了の日本認識及びその特徴〉，《東アジア近代史》，第12號，2009年。

3. 纐纈厚，〈臺湾事件研究の現状と課題～先行研究の紹介を中心にして～〉，《1871年八瑤灣琉球人事件─140年歷史與還原國際學術研討會手冊》，2012年。

4. 白春岩，〈1874年の臺湾出兵と清国の対応─「撫恤銀」問題を手がかりにして─〉，《社學研論集》，2011年。

5. 纐纈厚，〈臺湾出兵の位置と帝国日本の成立──万国公法秩序への算入と日本軍国主義化の起点〉，《植民地文化研究》，通號4，2005年。

6. 外務省條約局，〈大日本國大清國修好條規（日清修好条規）〉，《舊條約彙纂》，第一卷第一部，1871年。

7. 外務省條約局，〈日清兩國間互換條款及互換憑單（日清兩国間互換条款及互換憑単）〉，《舊條約彙纂》，第一卷第一部，1874年。

8. 宮城栄昌，《沖縄の歴史》，東京：日本放送出版協会，1984年。

9. 沖縄県文化振興会公文書管理部史料編集室，《概説沖縄の歴史と文化》，沖縄：沖縄県教育委員会，2000年。

1874年之後，在日本人出資下邀請楊友旺、鄧天保、林阿九共同為琉球人受難者墳墓再重修一次。

1871年之後，楊友旺、鄧天保、林阿九共同為琉球人受難者最初所修復的墳墓。

每年的清明掃墓節，楊友旺的家屬，都自動到琉球人的墳前掃墓，以表敬意。

清朝與牡丹社事件

胡連成｜中國華僑大學外國語學院日文系專任教授／北京大學歷史博士

　　牡丹社事件（1871—1874），發端於1871年的八瑤灣事件（日本一般稱之爲宮古島島民遭難〈遭害〉事件、琉球漂流民殺害事件），結束於1874年的牡丹社事件（臺灣事件、臺灣之役；日本一般稱之爲臺灣出兵、征臺之役或臺灣事件）。蕭一山在其《清代通史》中，即稱之爲臺灣事件。本文所論牡丹社事件，即指上述含義；爲論述方便，本文將事件的發生、發展、結果這一過程統稱爲牡丹社事件，並依據相關史料，展開討論。

　　1874年（清同治十三年、日明治七年）春，日本政府以1871年12月琉球船民54人被臺灣牡丹社居民殺害爲藉口，發兵侵犯中國臺灣。高山族（當時被清統治者蔑稱爲「生番」）人民奮起抗擊，清政府亦調兵增援，加強布防。在日軍進退維谷之際，日本政府轉而派代表與清政府會談，以期達到通過戰爭手

段難以達到的目的。1874年10月31日，恭親王奕訢與日本特使大久保利通在北京訂立《中日北京專條》，主要內容爲：日本退兵；中國允給「撫恤」銀十萬兩，賠償日本在臺「所有修道、建房等件」銀四十萬兩；中國承認日本此次侵臺爲「保民義舉」，授日本廢琉球爲其版圖以口實，在外交文本上留下了隱患。1879年，日本政府悍然吞併琉球，置沖繩縣。

　　日本侵臺事件在近代中日關係史上是一個標誌性事件，是近代日本對中國進行一系列侵略活動的開端。恭親王奕訢在與日本特使大久保利通訂立《中日北京專條》5天后，即1874年11月5日就上奏朝廷請籌海防事宜。他指出：「日本兵據臺灣番社之事，明知彼之理曲，而苦於我之備虛……今日而始言備，誠病其已遲，今日而不再修備，則更不堪設想矣。」牡丹社事件的一個積極意義就是，以此爲契機，清朝朝野上下掀起了籌議海防的熱潮，並基本上達成了共識，即建立一支近代海軍已成焦眉之急。

一、事件的發端

　　1871年11月27日，「琉球人民六十六名因風漂流至臺灣，

1874年日軍侵略臺灣牡丹社紀念碑文「明治七年討蕃軍本營地」，後方小圓頂
為當時日軍作戰指揮部。

此圖是八瑤灣事件以後，美國人李仙得提供給日
本的臺灣地圖。

爲牡丹社生番殺害五十四名（餘十二名獲免，經鳳山縣送臺灣福州，閩省督撫予以安插，遣回琉球，並令臺灣鎮道認眞查辦）。」

清政府對琉球漂流民在臺灣的遭遇是重視的，在具體處理上也是比較妥當的。「……遭風難民，經臺灣商民與熟番救出，稟由地方官護送到滬，交其領事收回，天朝柔遠之心，至僻壤民番。」

臺灣商民與「熟番」如此，「生番」也並非一味殺戮。1874年5月13日《申報》刊登論說文一篇，題目是〈論臺灣生番亦有恭順可嘉事〉，云：「連日論及日本國興師征伐臺灣，並有收回成命之說。知其發兵遣將緣由，無非爲曾經殘害彼國商民之故，然亦有在該處遇救者，總計言之，亦足以將功抵過……。」並舉例說明，臺灣人民並不都是遇見遇難之商民便加以屠戮的，有些遇難之日本商民便得到了救助，這些情況日本領事是知道的，已經報告了日本外務省。並氣憤地指出：「今日本國因生番爲害商旅而興師征伐，故再將生番有恭順救護難民情節，查其詳細以申明之。觀乎此案之番目陳安生，不受賞物費用，而日本人隨帶之物亦全數歸還，則可見其是實意之恭順，並非圖利，豈可一律視作凶頑。即華屬官憲之撫綏，辦理亦極妥善。乃今日本國

明治天皇（1867年-1912年）

孝明天皇的第二皇子，即位之初，
歷經江戶幕府戊辰戰爭，維新志士
推翻德川幕府的統治，宣布王政復
古，擁戴以他為首的政府建立君主
專制政權，並大力推行資本主義，
明治維新改革者，也是製造日本帝
國主義的侵略者。於1912年7月30
日去世，享年59歲。

竟事干戈，興數千之師旅，雖屬爲國揚威，似覺小題大做矣。」
由於時代的局限性，這位署名「海上寄歐生」的作者並未認識到
日本興師征伐臺灣「生番」有著險惡的目的，其意在永遠據爲己
有，將臺灣併入日本的版圖，豈是「臺灣生番亦有恭順可嘉事」
一語就可避免其侵略的。因而「生番」一經「殘害彼國商民」，
日本便大舉興兵討伐，對明治政府來說，這不過是一個一舉兩得
的絕好藉口而已。一來可以擺脫以西鄉隆盛爲首的征韓派和以大
久保利通爲首的內治派在是否應該馬上侵略朝鮮而引起的國內政
治危機，把征韓派的注意力引向國外；二來又可以實現1868年
明治天皇即位時在《御筆信》中所公開宣稱的「開拓萬里波濤，
布國威于四方」的「宏偉目標」。

　　但這個事件發生後，清朝視其爲一個普通的「漂風」事件，
並未認識到問題的嚴重性。1873年4、5月間，日本在北京換約
期間向總理衙門提起了這件事。「（同治）十二年四月，日本使
臣副島種臣來京換約，遣其隨員柳原前光、翻譯官鄭永寧詣總署
詢三事：……一詢臺灣生番戕害琉球人民，擬遣人赴生番處詰問
等語。王大臣等當與辯正。」

　　關於「遣人赴生番處詰問」究系何意，清政府在1874年5月
「給日本國外務省照會」中明確指出：「若臺灣生番地方，只

柳原　前光（1850年-1894年）

生於京都，屬皇室貴族，擔任伯
爵。

1868年，柳原18歲，於戊辰戰爭
時期，擔任東海道副州長，明治維
新之後進入外交部工作，擔任日清
友好條約事務，西南戰爭爆發時，
以特使身分拜會島津忠良、島津秦
彥，後擔任元老院議員，專注於刑
法、治罪法，且擔任駐俄國公使，
參議院主席。

以遣人告知，嗣後日本人前往，好為相待，其意皆非為用兵等語。」關於臺灣生番問題，照會指出：「查臺灣一隅，僻處海島，其中生番人等，向未繩以法律，故未設立郡縣。即禮記所雲不易其俗，不易其宜之意。而土地實系中國所屬。中國邊界地方，似此生番種類者，他省亦有，均在版圖之內，中國亦聽其從俗從宜而已。」

　　一年之後，即同治十三年三月（1874年5月），奕訢在回顧上次日本「詢問」時稱：「日本國使臣住京時，從未議及有派兵赴臺灣生番地方之舉，究系因何興師，未據來文知照。……該隨員（柳原前光）等未經深論，臣等亦未便詰其意將何為。」也就是說，日本方面雖然提出了問題，但並未提出如何解決問題，更未言及將出兵臺灣，「有事生番」。

　　清政府海防鬆懈，情報蒐集能力極其薄弱。日本軍艦駛入廈門，如果不是英國公使威妥瑪三月初三日（1874年4月18日）函告，竟然毫不知曉。英使威妥瑪函稱：「日本運兵赴臺灣沿海迤東地方，有事生番，並詢及生番居住之地，是否隸入中國版圖；東洋興師，曾向中國商議准行與否。」

　　日本軍艦分往臺灣、廈門，不僅引起了清政府的注意，還使在華列強產生了一種覬覦之心。威妥瑪函告清政府的第二天，就

出處：福爾摩沙見聞錄―風中之葉　作者：蘭伯特

高士佛社與牡丹社原住民勇士接受戰鬥訓練。

1874年日軍侵略了高士佛社與牡丹社，在戰爭結束回日本之前，到部落裡搗毀原住民的納骨架，並收走了部分的原住民遺骨，一度懷疑當時的原住民英雄阿魯克的遺骸，可能被日軍帶回日本充當1874年琉球人的遺骸。

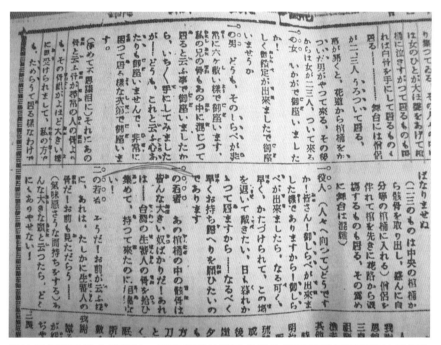

於沖繩修復琉球人墳墓時，所整理出的遺骸當時的報紙記載懷疑遺骸的骨架身長與琉球人有所不同，並懷疑這些骨骸可能是臺灣原住民的遺骸。

有英、法、日等國駐華使館陸續派員來總理衙門詢問此事；與此同時，總稅務司、英國人赫德也來總理衙門詢問此事。

1873年6月21日，柳原前光與總理衙門大臣毛昶熙、董恂、孫士達舉行會談，這是一次在近代中日關係史上非常重要的會談。以下是日方節錄。

柳曰：……貴國僅治（臺灣）島之半偏，土番之地在其東部，政權未及，番人自爲獨立。前年冬，我國人民漂泊彼地，番人即予掠殺，故我國政府欲出使問其罪。惟番域與貴國府治犬牙接壤，我大臣以爲，未告貴國而興此役，萬一聊有波及貴轄之事，無端受其猜疑，兩國自此傷和，有此憂慮，故預爲說明也。

彼曰：……琉球國是我藩屬，彼時琉民自生番逃脫者，我官吏悉加救恤，送往福建，總督施以仁愛，送還本國。

柳曰：……野蠻（生番）害我臣民，我君不得不以保民之權而伸其冤。謂琉人爲我國人何妨？且問貴國官吏，既雲救恤琉民，不知如何處置殘殺（琉民）之生番？

彼曰：此島之民有生熟兩種，從前服我王化者，謂之熟番，置府縣治之：其未服者謂之生番，置之化外，未便窮治。

彼曰：不制生番暴行，乃其爲我政教不逮之處。

柳曰：貴大臣既雲生番之地，政教不逮，舊來又有其證據，

為化外孤立之番夷，則我獨立國盡可自行處置。

　　這是中日兩國在琉球歸屬和臺灣主權問題上的一次重大的外交鬥爭。在這次外交鬥爭中，柳原前光巧為布局，以「土番之地在其東部，政權未及，番人自為獨立」為誘引，試探清政府對臺灣東部主權問題的態度；接著稱遇難的琉球人為「我國人民」，將幾百年來中國的屬國琉球歸入日本。而總理衙門大臣「琉球國是我藩屬」這句話，雖然直接否定了柳原前光的試探，但在臺灣生番問題上，由於用語不慎，為柳原前光抓住話柄，為日本出兵征服「無主之地」找到了藉口。

　　日本侵略臺灣，是以征伐「無主之地」的名義出兵的。日使柳原前光在與總理衙門大臣最初交涉時強調這一觀點，在以後中日交涉中又反覆重申這一觀點，說明日本的根本用意在於：從中國手中奪取臺灣特別是臺灣東部地區的主權。由於總理衙門大臣毛昶熙用語不慎，柳原前光便乘機斷章取義，抓住「生番為化外之民，尚未甚加治理，乃中國政教未及之處。」一語不放，曲解為生番居住之臺灣東部地區並非中國領土。

　　對此，《申報》反覆地加以論述，指出此乃總理衙門大臣失言，並非中國政府官方的見解。在1874年4月16日，《申報》刊發〈論臺灣征番事〉一文，稱：「夫臺灣一島，雖分為生番熟

番，熟番早歸入本朝版圖，而生番之處所亦隸在我朝之屬下。」
5月11日《申報》在〈論臺灣事〉一文中指出：「……初是日本
外務大臣瑣意西馬（寺島宗則）出使，與總理衙門議定大局。相
傳雲總理衙門許日本自行懲辦，其議固有之也。然所許恐僅爲敍
晤間偶及之而已，蓋觀於橫濱西字日報，則准許之議皆杳渺無
憑，即此已可見也。然而准他國興大師來犯我外番者，豈有不以
明約載記之理乎？故以是揣衡之，則大師征伐臺灣之許，系屬子
虛，既有准行懲辦系屬口頭言語，其議蓋未有成約耳。」7月27
日又有〈論臺灣事〉一文，稱：「東使鎖意西馬于談間，挑華官
出此言，以圖爲日後之藉口……」。《申報》站在維護中華民族
利益的正義立場上，擁護中國在臺灣擁有主權的主張。應該說，
這也反映了當時包括《申報》讀者在內的廣大中國人的心聲。

柳原前光是牡丹社事件中的一個重要角色，是近代日本大
陸政策的急先鋒，是「皇張國威」的「東亞先覺志士」。他「少
壯之年即有經綸大志」。1870年，他上書岩倉具視，初步暴露
了其侵略擴張的野心。他在上書中指出：朝鮮「北連滿洲，西接
韃清，如若綏服之，實爲保全皇國之基礎、經略進取萬國之基
本。」

1898年（明治31年），日帝併吞了琉球王國，設為沖繩縣，歷經三次的移墳，現今落腳在沖繩市，護國神社旁所設立的琉球人受難紀念碑。

琉球人受難紀念碑，背面為沖繩縣長奈良原繁題文。

琉球人受難紀念碑，記載當時受難者的名字。

福島種臣（1828年-1905年）

嘉永五年，京都遊學，學習漢學和國學。

1864年，在長崎設洋學校。

1867年與大隈重信主張維新被逮捕。

1868年，參與明治新政府工作，起草『政體書』。

1869年，任參事。

1871年，擔任外交官。

1873年二月，因宮古島事件，琉球居民被殺害，與日本的全權代表赴中國談判，同年十月，主張征韓論失敗下臺。

1874年加入愛國公黨。

赤松則良（1841年-1920年）

1857年在長崎海軍學校學習。

1861年，到美國留學，後轉任荷蘭讀書。

1868年，留學歸國。戊辰戰爭爆發，擔任幕府海軍副總裁，明治維新後，出任海軍中將。

1887年，晉升貴族院男爵。

西鄉從道（1843年-1902年）

出生於薩摩藩。1869年與山縣有朋一同前往歐洲考察軍事制度，後建立日本陸軍制度。

1874年，參與佐賀之亂，後晉升中將，成立臺灣藩地事務局都督，領兵三千六百名前往臺灣南部攻打原住民部落，並企圖建立殖民地。

1877年，其兄隆盛在西南戰爭中支持士族，戰敗身死，西鄉從道遂成為薩摩藩的領袖人物。他在日本政府歷任參議、文部卿、陸軍卿、農商務卿、及兩任陸軍大臣。

1884年，因為對明治維新的貢獻，受封為伯爵。後來又在伊藤博文內閣擔任海軍大臣及內務大臣等職。

1892年出任樞密顧問官，隔年出任海軍大將。

1895年晉封侯爵。

1898年成為日本海軍第一位受封元帥稱號者。

谷干城（1837年-1911年）

活躍於江戶時代，曾任第二代學習院主任。帝國院士東京光棍協會院士，後來在西南戰爭有功，晉升將領。1871年，廢藩後，出任新政府陸軍少將。

1874年5月出兵臺灣，攻打牡丹社，晉升陸軍中將。1887年，西南戰役成功圍剿反叛軍。

二、日本侵臺與清朝的反應

　　1874年2月，參議大久保利通、參議大隈重信奉命制定了《臺灣番地處分要略》九條，其第一條曰：「臺灣土番部落，乃清國政府之政權不逮之地，清國政府歷年刊行之書籍，即其明證。去年，前參議副島種臣使清之際，彼朝官吏之回答亦明確無誤，可視爲無主之地。對於殺害我藩屬琉球人民，我進行報復，乃日本帝國政府之義務，討番之公理亦在於此。」

　　這份「要略」還規定，如果清朝官吏提出琉球向清朝「遣使獻貢」的歷史事實因而主張琉球「兩屬之說」時的應對之策（第二條）；福州設有琉球館，爲避嫌起見，征臺時不要使用福州港（第七條）；派福島九成等6人赴臺灣「熟番」之地進行偵察，並相機「懷柔綏撫土人」（第八條）；已決定在「熟番」之地瑯嶠社寮港登陸，因此要求福島九成等人注意偵察此地有關地形、停泊、登陸等情況（第九條）。此外，這份「要略」中還多次出現清國「政權不逮」、「無主之地」、「無主之域」等詞語。

　　明治政府隨即於1874年4月4日成立臺灣番地事務局，任命參議大隈重信爲長官，陸軍中將西鄉從道爲事務都督，陸軍少將谷干城、海軍少將赤松則良爲參軍。4月5日，太政大臣三條實

美奉敕授西鄉從道以委任狀，「舉凡陸海軍務、賞罰之事，委以全權。」

這份委任狀以《敕書》和《諭書》構成，其《敕書》曰：一、問其殺害我國人民之罪，給以相應處罰。二、彼若不服其罪，可發兵討之。三、預籌防備之法，以使爾後我國人民至彼地時，不再遭受土人掠殺。

同日（4月5日），太政大臣三條實美奉敕授西鄉從道《諭書》十款，規定了征服、誘導開化「土人」之法，開展軍事行動與外交談判之法、美人李仙得的「輔翼」職責、分清「生番」與清國管轄地之間的界限以及節約經費等。

翌日（4月6日），太政大臣三條實美奉敕授《敕書》予谷干城、赤松則良兩參軍，命其「參預帷幕機謀，舉凡陸海軍務，輔翼（西鄉從道）都督」。

西鄉從道是牡丹社事件中又一個重要角色，他在出兵臺灣時的抗命之舉，成為街談巷議的軍國美談。「明治七年四月，征臺之師起，任陸軍中將，為征討都督，謹拜敕命率兵赴臺。出征一行之船艦在長崎停泊期間，忽然朝議一變，此時正在長崎出差之征臺事務長官大隈重信奉命禁其發兵。他說：『下官既奉敕書，踏上征途，即使太政大臣親來阻止，亦不能聽之。……若強行阻

止出征，則鄙人立即奉還敕書，進入番地，屠其巢窟，死而後已。若清國提出異議，則政府盡可以離艦海盜之所爲答之。』意氣沖天，抗命不從。是夜即傳令出發，翌日即已踏上征臺之途。政府亦不得已任其所爲，布告天下，征討生番。」

日本積極備戰，磨刀霍霍。但令人痛心的是，清政府直到1874年4月18日之前對此事一無所知。當日本軍艦駛入廈門，英國公使威妥瑪4月18日函告，才遲遲於5月14日上奏清廷，請求「派員查看」，而此時距威妥瑪函告已經過去了26天。海疆危殆，軍情刻不容緩，而清朝在將近一個月的時間裡，毫無作爲，這就是清朝的辦事效率。

其實日本《新聞雜誌》在1874年4月14日以〈問罪臺灣，鎮臺兵出發〉爲題做了正式報導：「據聞問罪臺灣之鎮臺兵二十小隊已從熊本、鹿兒島兩駐地出發。」並以〈參議大限重信受命擔任臺灣生番事務局長官〉爲題，報導了侵臺機構的成立。當英國公使威妥瑪就日本興兵侵臺等問題向總理衙門詢問時，昏聵的滿清大員才如夢初醒。一般來講，作爲政府的消息來源和情報管道總會比一家民辦新聞社來得快。但遺憾的是，此事雖然已經引起了中國民間輿論如《申報》的注意，卻並未引起滿清政府官方的注意。然而就在清政府懵然無知之時，日本卻已緊鑼密鼓地開始

了出兵臺灣的準備工作。

就在日本《新聞雜誌》於4月14日報導日本出兵臺灣的同一天,《申報》率先報導了日本出兵臺灣征討所謂「生番」的消息,題爲〈東洋來報〉。這條消息說:「昨日東洋郵來新報,傳有要事,據東洋元相太若關(疑爲太政官)於2月14日檄示該國陸路兵部及水師部之大臣曰,東洋朝廷於臺灣島之土人誓言報仇,擬即行派出戰艦兩艘,與今駐臺灣之船一艘共四艘(原文如此)先赴臺灣。又擬于不多時出陸路兵共一萬五千名,速赴該境,此役似與本國攸關。」

這裡發出了幾個資訊,其一,日本政府首腦及海陸軍大臣已經決定進犯臺灣。其二,兵船、兵員等具體作戰部署。其三,戰爭決心,即不達目的決不甘休。

緊接著,《申報》於1874年4月16日,又刊登類似今天社論一樣的論說文章〈論臺灣征番事〉,強調臺灣乃中國版圖,不容他人染指,並告誡國人提高警惕:「東洋之興師,其意僅在報仇而已乎?抑或尙有他圖乎?未可知也。」面對他國侵略,光有民間呼籲是不行的,政府必須採取行動遏止侵略。社論懇求清政府:「東洋之駐兵於臺灣也,已有明征矣。所望盡心於國事者,其不可袖手旁觀,自貽伊戚也。夫泰西之立規也,遇邊境或鄰國

征戰之事，未有不以重兵調發駐紮界內觀望，以備不虞也。……
我國將何以處焉。」要求清政府發兵臺灣，堅拒日軍於臺灣島
外，維護國家主權。其後又有〈再論東洋將征臺灣事〉（農曆
三月初二日，即4月17日。以下皆西曆）、〈再論東洋進征臺
灣略〉（4月23日）、〈譯東洋中華兩國近事〉（5月8日）、
〈長崎新聞〉（5月9日）、〈論臺灣事〉（5月11日）、〈記東
洋事〉（5月12日）、〈論臺灣生番亦有恭順可嘉事〉（5月13
日）、〈譯長崎新報述東洋雜事〉（5月15日）等。僅在4、5月
間，就對日本陰謀侵略臺灣一事，或評論、或報導，將這一事件
的發展情況及時地通報給國人。而在8月10日一天裡，就有〈譯
錄駐臺西友書〉、〈日本近信〉、〈欽使請戰〉、〈上海無兵船
赴臺〉、〈譯錄東洋西字日報〉、〈譯錄香港新報〉等6條臺事
快訊，令人頓覺形勢緊張，大有中日戰爭一觸即發之感。

　　清政府察覺日本侵臺企圖後，也立即採取了一些措施。首
先，派船政大臣沈葆楨「帶領輪船兵弁，以巡閱為名，前往臺灣
生番一帶察看，不動聲色，相機籌辦。」接著命令福建布政使潘
蔚「馳赴臺灣，幫同沈葆楨，將一切事宜妥為籌畫。」繼派船政
大臣沈葆楨為「欽差辦理臺灣等處海防兼理各國事務大臣，福建
省鎮道各官，均歸節制；江蘇、廣東沿海各口輪船，准其調遣，

俾得與日本及各國按約辯論，而於徵調兵弁船隻事宜，亦臻便捷。」並通過英國公使威妥瑪、總稅務司赫德、直隸總督李鴻章、兩江總督李宗羲等人的諮函，逐漸弄清了日軍的動向。「日本國兵船，於三月下旬，……有前往臺灣者，船內兵弁炮位具備，由瑯嶠地方登岸，並無阻問之人。……日本在長崎購買輪船，租雇商船，裝載軍裝糧餉。……探得日本兵共八營，俱在臺灣東海旁起岸，欲攻生番。……臺灣道稟報，二月初十日，有日本水師官同夥一人抵瑯嶠、柴城一帶查看牡丹社、龜仔角等處情勢，繪畫輿圖，十五日折回。嗣後複接臺灣稅務司來函，日本調兵一萬五千人來臺打仗等情。並據聲稱，牡丹社系屬番界，彼自尋釁，在我勢難禁止。」

由此可知，清朝在臺灣海防空虛，日軍在臺灣登陸，「並無阻問之人」，簡直如入無人之境；日軍在臺灣進行軍事偵察、地形測繪，來回五、六天之久，也是暢通無阻；日軍實際兵力為3,600餘人，而清朝所獲情報為15,000人，差距太大；臺灣地方官員對於日軍入侵這一大是大非的問題，竟然聲稱「牡丹社系屬番界，彼自尋釁，在我勢難禁止。」這種糊塗話，竟然出自臺灣地方官之口，實在令人難以理解，難怪奕訢在上奏時斥其「殊屬意存推諉，不知緩急。」

　　沈葆楨等人奉命到臺之後，通過臺灣地方官的彙報，獲得了日軍侵臺的一些軍事情報，其奏稱：「四月二十日，倭船一隻，裝生番首級，及傷亡倭兵回國。……岸上倭兵約二千餘人，一禁大埔角，一禁瑯嶠，一禁龜山，時以甘言財利說降各社。牡丹社在下者已爲攻破，餘數百人逃往山頂，倭人未能仰攻。龜仔角生番亦不肯降，其降者網索等十一社，倭營給一旂爲憑。二十八日，倭兵添二百餘名，從石門入，八十餘名，從風港入，殺生番三名，捁五名。……據稱破生番三社，取首級十二顆，伊兵傷者五十餘人，死者二十餘人。二十六日夜，又被其殺傷五人，死者二人。官民所報，生番死者多於倭兵，而倭將所稱，則倭兵死者多於生番。或者留爲索價地步，未可知也。又據淡水廳陳星聚稟報：近有日本兵船名牧源源吾，載兵百餘名，由臺南繞後山一帶，過噶瑪蘭，入雞籠口，買煤一百五十頓而去等語。」

　　日軍人數、營地、與牡丹社等社作戰情況、日艦補給情況，在這個奏摺中均有所反映。日軍在進攻牡丹社等社時，遭到了頑強抵抗，雙方互有傷亡。該奏摺雖無作戰細節，但戰場上的刀光劍影，卻依稀可見。日艦在中國東南沿海，一會兒臺灣，一會兒廈門，一會兒運兵，一會兒買煤，一路暢通無阻。而在擁有近代化裝備的日軍猛攻之下，高士佛社、牡丹社最後被迫投降。

清廷接到文煜等人的奏摺之後，立即廷寄諭旨，批准了沈葆楨的建議：「沈葆楨等擬於海口建築炮臺，安放巨炮，使不得停泊兵船。北路淡水等處，派兵駐紮，由提督羅大春督率巡防，並另招勁勇，多備軍火等事，所籌均是。」並指示：「儻該國悍然不顧，亦當示以兵威。」可知清朝此時已下定決心，在迫不得已之時不惜一戰。

然而這份「廷寄」更為重要的一點是，清朝明確指出中國對於臺灣「生番」的主權：「生番本隸中國版圖，朝廷一視同仁，疊諭該大臣等設法撫綏，不得視同化外，任其慘罹荼毒。」而在福州將軍文煜、閩浙總督兼署福建巡撫李鶴年、辦理臺灣等處海防兼理各國事務沈葆楨在《給日本中將西鄉從道照會》中，均明確指出臺灣「生番土地」隸屬中國：「生番土地，隸中國者二百餘年，雖其人頑蠢無知，究系天生赤子，是以朝廷不忍遽繩以法，欲其……由生番而成熟番，由熟番而成士庶。」「中國分內應辦之事，不當轉煩他國勞師糜餉而來。」關於琉球與牡丹社事件的關係，照會指出：「琉球雖弱，亦儼然一國，盡可自鳴不平。」否定了琉球與日本之間的隸屬關係。

照會不僅指出日本出師無名，還批評日本以怨報德。「今牡丹社已殘毀矣，而又波及於無辜之高士佛等社。……乃聞貴中將

仍紮營牡丹社，且有將攻卑南社之謠。夫牡丹社，戕琉球難民者也；卑南社，救貴國難民者也，相去奚啻天壤，以德為怨，想貴中將必不其然。」

三、外交鬥爭

對於日本悍然出兵臺灣，清政府在軍事上也有所部署，「臺灣各處海口，現俱分兵駐守，防務漸臻周密。」同時，還在北京進行了很多外交努力。這些外交努力，即使在今天看來，也不失為捍衛國家主權之舉，在核心利益上並未妥協。例如，在《給日本國柳原前光照會》中，嚴正指出：「臺灣全地，久隸中國版圖，雖生番種類，散處深山，向未繩以法律，總屬中國管轄之人。即偶有洋面失險，如琉球人民受害前事，亦當知會應管轄之地方官查辦。此次貴國興兵，未經向本王大臣議及，亦未准知照因何事派兵赴臺，既與上年所言非為用兵之語未符，亦與條規內所載兩國所屬邦土，不可稍有侵越等詞相背。」

清政府接到柳原前光復函之後，在《給日本國柳原大臣照會》中，強烈譴責日本「畔盟違約」，詰問柳原前光：「不知貴

大久保利通（1830年-1878年）

出生於鹿兒島。1871年與木戶孝
允參加岩倉使節團，出使歐洲及美
國，因主張立即出兵海外，被歸類
為武斷派。

1873年，正院閣議針對征韓論進
行辯論，結果演變成為政爭，史稱
「明治六年政變」。

1874年，江藤新平在九州佐賀縣
發動佐賀之亂，受命前往平亂，僅
花十一日便順利鎮壓叛軍。日本政
府為安撫士族，尤其是反抗意識最
強的薩摩士族，由大久保利通負責

折衝。同年，因琉球難民在臺灣被原住民殺害，日方進行「臺灣出兵」，日本
政府遂將西鄉隆盛之弟西鄉從道升為中將，並任命為「藩地事務局都督」。
1878年遂行琉球處分，迫使琉球國王退位，將琉球置為日本一縣。

大臣此次來華，是為通好而來，抑為用兵而來。如為修好而來，則現在用兵，焚掠中國地土，又將何說？」

1874年9月14日，日本全權辦理大臣大久保利通諧柳原前光及鄭永甯來總理衙門，「面遞條說兩紙，大指謂生番不服教化，地非中國所屬，又生番屢害漂民，曾不懲辦，並呈出領事福島與番地土人筆話。」奕訢等人在與大久保利通等人辯論期間，察覺出日本的企圖。「該使臣狃定前見，詞氣之間，竟似番土非中國所轄。」「或想踞地，或冀貼費。」儘管如此，奕訢等人仍然認為「兵端不可遽開。」

在《奕訢等奏與日使交涉並恭呈往來照會折》中，還附錄了1874年9月14日以來與大久保利通等人之間的往來照會、節略。記有：《日本柳原照會》、《大久保面遞福島領事與番地土人筆話》、《查覆福島領事與番地土人筆話另條》、《日使大久保利通面遞與總理衙門答覆節略》、《大久保照會》、《大久保附送節略》、《大久保附送公法匯鈔》、《給大久保照覆》、《大久保照會》、《給大久保照覆》、《大久保照會》、《給大久保照覆》等。

在北京談判期間，大久保利通拿出「福島領事與番地土人筆話」，意在說明「番土非中國所轄」。而總理衙門的「查覆」深

得要領，一語中的：「以孤弱之民，見有兵至，威脅之下，何求不得乎！又總理生員云云，生員者，中國之廩善生、增廣生、附學生，由府縣錄送，並由兼學政之臺灣道考取者也。身列中國膠庠，其所居之地，謂非中國而何。」

在「答覆節略」中，在中國政教所及，亦即主權歸屬這一重大問題上，「柳原前光既經狡黠於先」，大久保利通「又複遊移矯飾，百計強辯」於後，居心叵測，而奕訢等人則立場堅定，據理力爭，維護了國家主權，這一點必須予以肯定。大久保利通提出的第一條是：「貴國既以生番之地謂爲在版圖內，然則何以迄今未曾開化番民？夫謂一國版圖之地，不得不由其主設官化導，不識中國於該生番，果施幾許政教乎？」總理衙門的「答覆」是：「查臺灣生番地方，中國宜其風俗，聽其生聚。其力能輸餉者，則歲納社餉，其質較秀良者，則遴入社學，即寬大之政，以寓教養之意，各歸就近廳州縣分轄，並非不設官也。特中國政教由漸而施，毫無勉強急遽之心。若廣東瓊州府生黎亦然。中國似此地方甚多，亦不止瓊州、臺灣等處也。況各省各處辦法，均不相同，而番黎等屬辦法，尤有不同，此即條約中所載兩國政事禁令之各有異同之議。」

中國的媒體也十分關注大久保利通率領龐大使團來華談判

一事。《申報》分析談判可能出現的結局，同時也表明了希望中日雙方和平了局的願望。1874年9月8日〈字林述東使抵津〉雲：「……其扈從各員繁多異常，聞尚難於安頓。未知欽使在津駐駕幾日，但風聞須逗留三四日。雲現與李爵相尚未通問，或明後日始將面晤……」說明其使團規模之大並極為關注李鴻章與大久保利通會晤。同一日，又在〈東使哦古坡到大沽〉一條中，描寫大沽炮臺守軍見東洋炮艇迫近，「不測其駛來何意，」險些發生戰鬥一事。9月14日則以〈哦古坡欽差上京〉為題報導了大久保利通來北京談判的消息。在10月21日〈勸中東息兵論〉一條中，云：「……今東人征番人已立大功，各番社皆已懾服。乃在中國，固可藉日本代征生番令歸王化之辭，稍給兵費，以為犒賞東師之意，令其退兵。」這位投書者雖自稱「局外人」，貌似中立，實則包藏禍心，反映了來北京進行外交談判的大久保利通及日本當局的真實意圖。這位「局外人」還說，「如此辦理實為公道」，並威脅說，若中國不興大兵鎮服生番，「則必有泰西之國前來藉辭以據其地者」。為日本侵犯臺灣搞外交訛詐大造輿論。

　　日軍在臺灣進退維谷之際，1874年8月1日大久保利通被任命為全權辦理大臣並於9月10日到達北京。4天後與總理衙門大臣恭親王奕訢等開始談判。這在《申報》亦有反映。8月20日

《申報》刊登〈日本使臣赴京都〉，云：「昨日吳淞到一東洋鐵甲船，蓋帶有東洋新派之大欽差哦古波（大久保利通），由此而取道轉搭新南潯火船往北京也。」9月8日又有〈字林述東使抵津〉、〈東使哦古波到大沽〉二條消息見報，連續報導大久保利通一行來華行蹤。9月30日《申報》刊登〈和音已至〉一文，云：「昨聞本處官憲新得京都來諭，中東之事經總理衙門與東使哦古坡籌商大局，其餘較小各情今猶和平，逐漸互商，兩國相戰之禍今已倖免矣。此言系本處官憲所相告者，言系屬京都中東商議之實情，想當可信矣。果能如此，則三四月以來之掛慮竟已雪消冰解。中國可望享升平之福，內地蕩平，外鄰敦睦，何樂如之！轉所議何條，外臣下民均尚未得知悉，現中國各處談論此事者分有兩意：一言不應與日本議和，惟有加兵以逐東兵出境一道而已；一言眾慮交兵，國內既未能仿照西法，以防備各海疆，故不如權且將就，以稍讓也，兩面之言皆是也。……」和平畢竟是民心矚望之事，否則戰端一開，不僅耗費大量國帑，又要奪去無數生命，而這些歸根結底都是要黎民百姓來承擔的。所以一聽說「和音已至」，作者「三四月以來之掛慮」就立即「冰消雪解」，並喜氣洋洋地說，從此以後，「中國可望享升平之福，內地蕩平，外鄰敦睦，何樂如之！」。可以說，這是當時國人的普

遍心態。

　　日本國民也是一樣，《東京日日新聞》11月10日發表題爲〈臺灣事件談判成功，大久保辦理大臣近期回國〉一文，稱「今得此佳音，國家萬民之幸福實無過之……國家隆盛之基礎由此確立。」但接著又慶幸道：「最值得我輩開懷稱頌者，乃過去琉球兩屬之曖昧不分，於今竟判然歸我版圖，不煩他日之辯論矣。」

四、議結之後

　　牡丹社事件議結之後，清朝大員痛定思痛，掀起了一股籌議海防的熱潮。先是奕訢等人於1874年11月5日上「海防亟宜切籌將緊要應辦事宜撮敍數條請飭詳議折」，指出：「現在日本之尋釁生番，其患之已見者也。以一小國之不馴，而備禦已苦無策，西洋各國之觀變而動，患之瀕見而未見者也。倘遇一朝之猝發，而弭救更何所憑。及今極事綢繆，已屬補苴之計；至此仍虛準備，更無求艾之期。」他呼籲朝廷：「請飭下南北洋大臣、濱海沿江各督撫將軍詳加籌議，將逐條切實辦法，限於一月內奏覆，再由在廷王大臣詳細謀議。……均於議定後請旨遵行。……以抒

目前當務之急，以裕國家久遠之圖，臣等幸甚，天下幸甚。」

　　奕訢上奏之後，清廷立刻廷寄諭旨，誥誡臣下，指示方略：「該王大臣所陳練兵、簡器、造船、籌餉、用人、持久各條，均系緊要機宜，……總期廣益集思，務臻有濟，不得以空言塞責。」於是在短短的時間內，清朝督撫等地方大員開始奏陳海防事宜。檢這一時期《籌辦夷務始末》有關海防的折、片，計有：「閩浙總督李鶴年等奏查勘廈門防務並布置兵力折」（11月11日）、「廣東巡撫張兆棟奏丁日昌擬海洋水師章程片」（11月19日）、「張兆棟又奏兩粵邊境剿匪情形並籌防廣東海口折」（11月19日）、「奕訢等奏請將丁日昌預擬海洋水師章程六條飭下南北洋通商大臣及沿海沿江將軍督撫議奏摺」（11月21日）、「署山東巡撫漕運總督文彬奏議覆總理衙門練兵簡器造船等辦法折」（11月27日）、「文彬等又奏李鴻章等堪任水軍統領之職片」（11月27日）、「沈葆楨等奏臺灣近日情形並淮軍到臺折」（12月1日）、「文祥奏臺事雖結後患堪虞海防亟宜籌辦折」（12月6日）、「盛京將軍都興阿奏遵旨議覆總理各國事務衙門詳議海防折」（12月6日）、「都興阿又奏議覆丁日昌預擬海洋水師章程折」（12月6日）、「升任兩廣總督英翰安徽巡撫裕祿奏遵旨議覆總理各國事務衙門詳議海防折」（12月11日）、

「大學士直隸總督李鴻章奏議覆總理各國事務衙門詳議海防折」
（12月12日）、「李鴻章又奏購買鐵甲船情形及應派使臣領事
駐日本折」（12月12日）、「浙江巡撫楊昌濬奏議覆總理各國
事務衙門詳議海防折」（12月12日）、「福建巡撫王凱泰奏議
覆總理各國事務衙門詳議海防折」（12月19日）、「王凱泰又
奏舉薦海防人才片」（12月19日）、「王凱泰又奏籌議海防要
計折」（12月19日）、「湖南巡撫王文韶奏遵旨議覆總理各國
事務衙門詳議海防折」（12月19日）、「王文韶又奏水師不可
廢而所重尤在陸防折」（12月19日）、「兩江總督李宗羲奏議
覆總理各國事務衙門詳議海防折」（12月20日）、「李宗羲又
奏議覆丁日昌海洋水師章程片」（12月20日）、「湖廣總督李
翰章奏議覆總理各國事務衙門詳議海防折」（12月22日）、
「李翰章又奏議覆丁日昌水師章程折」（12月22日）、「閩浙
總督李鶴年奏議覆總理各國事務衙門詳議海防折」（12月22
日）、「江西巡撫劉坤一奏議覆總理各國事務衙門詳議海防折」
（12月25日）、「劉坤一又奏議覆丁日昌海洋水師章程折」
（12月25日）、「湖南巡撫王文韶奏議覆丁日昌海洋水師章程
折」（12月25日）、「山東巡撫丁寶楨奏議覆總理各國事務衙
門詳議海防並丁日昌海洋水師章程折」（1875年1月2日）。

沈葆楨（1820年-1879年）

福建侯官縣人，進士出身。清代積
極治理臺灣，主張開山撫番的官
員，歷任翰林院兼修、御史、知府
等職。

同治六年（1876年）在左宗棠力
薦下出任船政總理大臣，建立船政
學堂。

1874年發生日本出兵攻打臺灣的
牡丹社事件時，被清廷指派為「欽
差辦理臺灣等處海防兼理各國事務大臣」。

1874年，日本撤兵以後沈葆楨積極治理，他主張為防患需經營後山，並打破前
山、後山的阻隔，於是奏請開山。

1875年，在瑯嶠（今恆春）增設恆春縣。

1875年再度來臺，平定獅頭社事件。建請設置臺北府，調整行政區劃、改革軍
政；購置機器開臺北煤礦並減媒稅。

1875年於兩江總督任內逝世。

李鶴年（1827年-1890年）

奉天義州（今義縣）人。1845年
進士，由翰林院編修改御史，而後
受命前往河南辦理軍務。

同治元年（1862年），任常鎮通
海道，代理河南按察使。同志四年
（1865年），擢湖北巡撫。

同治十年（1874年），擢為閩浙
總督。次年，上京朝見。不久，代
理福州將軍；兼福建巡撫。

光緒元年（1875年），調任河東
河道總督，同時代理河南巡撫。

光緒10年（1884年），因事降
職。

光緒13年（1887年），又代理河督，治理黃河不力，被發往軍臺效力。

光緒16年（1980年）逝世。

李鴻章（1823年-1901年）

清朝安徽合肥人。為清朝末年最重
要外交官員，陽物運動主要的提
倡者之一，以鎮壓太平天國起家，
淮軍創始人與統帥，控制北洋25
年，官至東宮三師、文華殿大學
士、北洋通商大臣、直隸總督，爵
位一等肅毅伯，追贈太傅，追晉侯
爵，因與列強簽訂《馬關條約》、
《辛丑條約》而被斥為賣國賊。中
國近代地方武裝淮軍的創建者和領
導者。歷經太平天國、捻軍、洋務
運動、中法戰爭、甲午戰爭、義和
團運動。有人稱曾國藩、李鴻章、
張之洞、左宗棠為「中興四大名
臣」。

　　這些折、片，主要分兩類，一類籌議海防，一類議覆丁日昌水師章程六條。其中，李鴻章深刻指出：「歷代備邊，皆在西北。……且尤有中外界限。……今則東南海疆萬餘裡，各國通商傳教，來往自如，麕集京師及各省腹地，陽托和好之名，陰懷吞噬之計。一國生事，諸國構煽，實為數千年來未有之變局。輪船電報之速，瞬息千里；軍器機事之精，工力百倍；炮彈所到，無堅不摧；水路關隘，不足限制，又為數千年來未有之強敵。」他在這一長篇奏摺的最後以牡丹社事件為慘痛教訓，指出：「中國在五大洲中，自古稱最強大，今乃為小邦所輕視。練兵、制器、購船諸事，師彼之長，去我之短，乃今為之，而已遲矣。若再因循不辦，或旋作旋輟，後患殆不忍言。」

　　李鴻章認為，應將清朝的國防重點放在海防而不是塞防上，這一國防重點的轉變，具有重大的歷史意義。因為今天的世界形勢發生了根本性變化，是列強稱霸海洋的時代，而中國遭遇了「數千年來未有之變局」，「數千年來未有之強敵」。第一次鴉片戰爭和第二次鴉片戰爭，還有此次牡丹社事件，敵人均遠道漂洋過海而來。因此，加強海防乃當務之急，刻不容緩。

2004年舉辦「牡丹社事件130年歷史與回顧國際學術研討會」暨牡丹社事件歷
史文獻資料展。

國家藝術基金會贊助，巴魯巴藝術工作坊主辦、牡丹鄉鄉公所、屏東縣政府，
共同協辦，楊孟哲總策劃。

結語

　　牡丹社事件，由於明治政府出兵中國臺灣而具有重大的歷史意義。這是一場在本質上圍繞中國對臺灣是否擁有主權而展開的外交鬥爭，也是一場圍繞是打破還是維護中國與琉球之間傳統的宗藩關係而展開的外交鬥爭。在這次影響深遠的嚴重外交鬥爭中，清朝在國際法上確立了中國對臺灣的主權，但輸掉了幾百年來與琉球之間極為密切的宗藩關係。

　　1874年12月3日，日軍盡數撤出臺灣回國，清政府隨即派兵接防，行使主權。「於是葆楨奏開番界，析疆置吏，而臺灣局面一新。」不料清軍與當地民眾發生武裝衝突。《申報》12月29日之〈華兵與生番接仗〉條云：「東兵既去臺灣後，而官軍又與生番接戰。記華兵受傷以及陣亡者共有十人，生番死者共六十三人。……今聞此耗，則良足一太息也。豈官憲究不能以化導之法從事乎？故必欲以干戈而行歟？」當日軍進犯臺灣之時，基於民族大義，「番人甚感官憲之德，皆立誓願與官兵同心協力，逐出東兵。」但遺憾的是，日軍撤走後，清軍接防，清政府「開番界，析疆置吏」，卻只知「震以兵威」而無「撫慰之良法」。《申報》對這一本不該發生的事件予以極大關注，批評清政府措施不當，「多行殺戮」。深刻地揭露了清朝媚外欺內的反動本質。

參考資料

1. 外務省編纂，〈日本外交年表竝主要文書（上）〉，昭和
　六十一年六月十五日，第六版。

2. 外務省編纂，『日本外交年表竝主要文書』（上）。

3. 黒龍會編，『東亜先覚志士記伝』（下）。

4. 中山泰昌，『新聞集成明治編年史』第二　。

5. 郭廷以編著，《近代中國史事日誌（上）》，中華書局，
　1987年5月。

6. 趙爾巽等撰，《清史稿》，海口：海南出版社，1999年7月。

7. 連橫，《臺灣通史・外交志》，臺北：眾文圖書公司，1979
　年。

8. 胡錫年譯，《對華回憶錄》，北京，商務印書館，1962年。

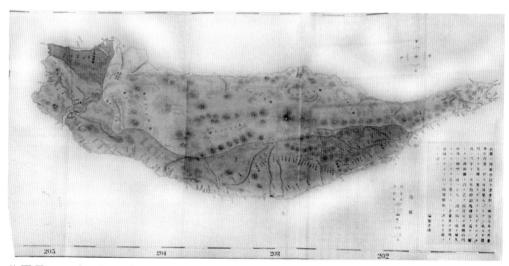

此圖是1874年6月，德國人哈曼仕在臺灣打狗港（現高雄港），借日本副島種臣使用並
複製。

從sinvaudjan看牡丹社事件

lianes.punanang｜高加馨・牡丹社事件文史工作者

　　歷史上將1871到1874年間，發生在臺灣南部恆春半島的這一連串事故，稱為「牡丹社事件」，也稱作「臺灣事件」。牡丹社事件在臺灣歷史的舞臺上，無論從中國或是日本的觀點來看，都認為是一個重要且關鍵的事件，深深影響了後續歷史的發展及中（清）日兩國的對臺政策。

　　然而，牡丹社事件另一個重要的主角——牡丹社（sinvaudjan）和高士佛社（kuskus）的原住民，在所謂文字歷史的舞臺上卻是無聲的。歷史文獻中少有原住民的聲音，扮演著重要角色的原住民，始終少有他們的觀點與說法，只能眼睜睜的看著文字民族寫歷史，說歷史：無聲並不是代表沒有意見、沒有說法，族人當然有屬於自己的觀點和思維模式，只是沒有用文字的方式寫下歷史，而過去寫歷史的族群亦不太在乎原住民的存

在，但這並不會改變歷史曾經發生過的事實。

　　由於牡丹社事件對於臺灣近代史的重要性，因此有許多關於牡丹社事件的相關研究及史料整理。中文文獻資料部份，著重於日本的侵略行爲，清政府對於臺灣的重視、治臺政策與如何教化治理原住民等方面；日文資料方面，則描述著對原住民的戰爭過程與日軍作戰勝利的功勳。

　　儘管牡丹社事件發生迄今不過一百四十年，然而因爲原住民沒有文字記載，族人是靠口傳方式傳承部落的歷史文化，加上族人忌諱提及死傷多人往事的民族性，平時很少人會去談論當年發生的戰役，所以只能儘量將老人家記憶中所知的片段敘述配合文獻加以整理，來了解牡丹社事件對牡丹社群造成的影響。

一、牡丹社事件前的牡丹社群

　　約十七世紀後期，牡丹社群的祖先創建牡丹社群後，獨立發展自己的社會與文化，在外來勢力尚未介入部落前，一直過著屬於自己的部落生活。在族人的世界裡，外面世界的擾攘紛亂，和部落並沒有太大的關係，所以朝代替換或政權易手，對原住民來

說是沒有多大的意義。對牡丹社群來說，在牡丹社事件以前是過著自己當家做主的部落生活，外來的勢力對部落的政經影響相當有限。

　　牡丹社群居住於恆春半島牡丹山區，此一地區具有獨特的地理環境，特有的瀕山面海的生活環境，山稜、強風與東海岸詭譎的海洋比鄰，造就特殊的歷史與地理條件，使得牡丹社群發展出迥異於其他地方的獨特文化與複雜的族群關係。

（一）自然環境

　　在自然環境中，氣候是影響生活的重要因素，傳統部落的開發與氣候有重要的關係。臺灣每逢春冬兩季，東北季風沿中央山脈南下，由於恆春半島地區之山峻已降至海拔一千公尺以下，冷冽的東北風翻山而來造成強烈的落山風，這是此一地理區內最嚴苛的自然現象。牡丹社群的幾個舊部落tjakulavau、sinvaudjan、tjaljunay和tjakudarkudar的東方和北方均有較高的山地，山嶺可以抵擋巨風，懼風的旱田作物得以生長，而且聚落位在山腰地帶地勢和緩，腹地開闊耕地頗多，不會太過潮濕又少瘴蚊出現，往低處有牡丹溪及女仍溪流過，淡水來源無虞，附近山林即有獵場，是很好的聚落發展環境，先人配合自然環境，選擇居住地的

智慧可見一般。

（二）族群關係

　　恒春半島地區位於早期通往後山必經的交通要道上，所以有著多樣的族群在此生活與交流。原本居住在臺東地區屬於卑南族系統的斯卡羅族人，沿著東海岸移居到恒春半島地區，而後斯卡羅族的四大頭目家族，分領恆春半島的住民，其中包括牡丹社群在內的原住民及部份漢人，其中以豬勞束社大頭目garuljigulje家之勢力最大，在其他三家之上，所以稱之為「大股頭人」。但到了牡丹社事件發生之前，豬勞束社大頭目卓杞篤名義上雖仍是恆春半島十八個社的盟主，但是他似乎也只能管理好自己的社民，對於其他友社則無法管束，而牡丹社也由此聯盟脫退，除了本族之首領外，拒絕承認任何其他首領的權威。

　　另外，屬於漢民族的客家人，因為較晚進入恆春半島地區移墾，海岸的平原地區早已為福佬人所開墾，客家人只有往更靠近原住民地區的山腳地帶發展，逼近了牡丹社群原住民的領地，初時應該是對立的狀態；後來原住民似乎和客家人達成了某種共識，並且產生了通婚的情形，於是乎原住民與客家人的關係轉而和善，變成了一種互相依存而合作的關係，原住民讓客家人在土

1874年日本從軍記者—岸田吟香（東京日誌新報736號）敘述下所製作的畫作，回國後由攝影師松崎普二根據所拍攝的照片，在日本販賣。

THE JAPANESE EXPEDITION TO FORMOSA — GENERAL SAIGO AND THE NATIVE CHIEFS, AFTER THE LATTER HAD TENDERED THEIR SUBMISSION

出處：福爾摩沙見聞錄—風中之葉 作者：蘭伯特

1874年西鄉從道拜會瑯嶠十八番社頭目等，要求協助共同打擊牡丹社與高士佛社。

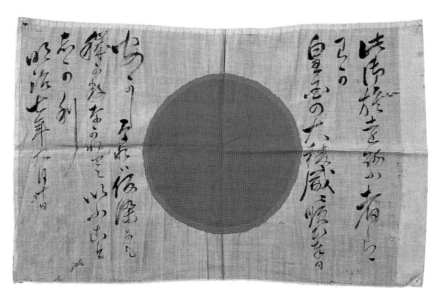

1874年日軍攻打牡丹社事件之後，戰況不利，因此找來瑯嶠十八番社頭目潘文傑等，以威脅利誘、招降納叛所贈與當時的日本旗，象徵著結盟的符咒，也是所謂的的保護旗。

地上居住、開墾，並經由客家人獲得生活物品與武器，而客家人除了耕作收穫外，也從和原住民生活物品或武器的貿易行爲中得到利益，這中間取得一種共同生活的平衡關係，得以在共同居住與通婚下維持，原住民不以客家人爲敵。還有文獻指出，若牡丹社群原住民出草時，會侵入閩人聚落，馘首結束後會經過統埔、保力的客家部落，客家人是幫著原住民的。牡丹社事件戰事發生前，日軍要來攻打牡丹社的訊息，也是由山下的客家人通風報信得知的。

（三）外來政權的出現

　　「牡丹社」最早出現在史籍中是在1723年（清雍正元年），由黃叔璥所著的《臺海使槎錄》，文內卷七〈番俗六考〉記載牡丹社爲「南路鳳山瑯嶠十八社三」之一。牡丹社群在康熙、雍正時代的這波歸化潮中，列入清政府的「歸化名單」中。於《重修鳳山縣志》中記載，1725年（雍正3年）牡丹社被列爲「歸化生番」，與其他十九社共輪納鹿皮九十五張，折徵銀二十二兩八錢。但牡丹社群眞正「歸化」與否，「輸餉」與否，並沒有足夠證據，也不是被納入（貝）贌社制度就可以論定的，清朝的統治勢力並沒有眞正進入部落，原住民的生活方式也沒有

多大改變，只表示已有社商進入牡丹社群展開交換物品的貿易行為。

　　牡丹地區的衣飾底布顏色，以及圖案與其他地區排灣族有些差異，牡丹地區底布顏色為紅色，不似印象中的排灣慣有衣飾底布為黑色，為何是用紅底色，應該是受到漢民族的影響，和牡丹社群有通婚關係的客家人，喜歡使用紅布，有吉祥、喜氣的意思，節慶時更有許多紅色的裝飾物，這不同於以往的紅色材料，可能吸引了牡丹社群的目光並接受了這樣的文化意識；而清政府贈與原住民部落的物品中，也包括有紅布匹，牡丹社群原住民因此加以使用。

　　朱一貴事件（1721年，清康熙60年）後，清政府的原住民政策開始改變，使用設定「番界」的方法。在政權統治所及與不及的地區，劃分出一條界線做為區隔，界線外就是「生番」的活動區域。牡丹社群所居住的地區，在黃叔璥的《臺海使槎錄》中記載，「自加六堂（今加碌）以上至瑯嶠」被劃為「番地」，也就是所謂的「化外之地」，到後來牡丹社事件發生時，清政府官員仍是這樣的說法，可見得牡丹社群雖被稱作「歸化生番」，但實際上清政府的統治勢力仍所不及。在西方人的眼中，臺灣只有西部是屬於漢人，也就是清政府所管轄的；山地與高山則是屬於

原住民的另一個世界、國家，日本人的想法也是如此。牡丹社群並不是屬於任何國家、政權的，自己就是自己的主人。

（四）地理環境與歷史宿命

臺灣東部海域原本就是往來頻繁的國際航道，而太平洋與巴士海峽交界的地帶，強風、颱風與潮流等多變的自然因素，本就是容易發生海難事件。早在荷據時期，載著荷蘭公主瑪格麗特的巫翠奇號，就在今墾丁海域觸礁，船上一行人包括瑪格麗特公主在內，被排灣族龜仔角社原住民全數殺害。二百多年後，1867年的「南岬事件」（一稱羅妹號事件），美國籍商船「羅妹號（Rover）」被強風吹襲至紅頭嶼海面擱淺，船員搭小艇於南岬海岸靠岸，船長夫婦與船員等十四員再被龜仔角社人殺害，僅一人逃脫，導致英、美先後派遣軍艦攻擊當地原住民，雖無功而返，但引起外國勢力對這片土地的興趣及對原住民的重視，也因此清政府在瑯嶠設隘駐兵以防原住民，並救援遇難船隻，後來還設置了鵝鑾鼻燈塔。

日本學者鳥居龍藏曾在牡丹社住家發現，屋內裝飾木板上有英文字COLOMBO（可倫坡）的字樣，應是海難所遺留的船板，這暗示出牡丹社群族人，因爲地理環境與歷史宿命，被推入

歷史洪流與國際舞臺的命運。到了1871年，琉球宮古島的進貢
船，航行中失去動力在海上漂流，最後擱淺在恆春半島東南海岸
八瑤灣，漂民上岸發生被殺事件，引發後續一連串的國際事件，
也就是「牡丹社事件」，這代表著沒有外力的部落生活即將結
束，牡丹社群將要加入區域歷史的舞臺。

二、牡丹社事件後的牡丹社群

　　1871年的琉球進貢船擱淺事件，導致後來牡丹社事件的發
生，牡丹社群族人從統埔（今屏東縣車城鄉統埔村）、保力（車
城鄉保力村）聽來消息，得知日本人要從macacukes（石門峽）
來攻打sinvaudjan、kuskus部落，於是先一步到石門峽等候日
本人的到來，其間族人用游擊方式襲擊日軍的偵查員。後來在
macacukes發生雙方第一次的交戰，部落裡的勇士都奮勇抵抗敵
人，不畏危險的攀附在石門山壁上，利用天險來取得最好的攻擊
位置，族人的槍枝實在太簡陋，所以仍以弓箭、短刀近距離的方
式應戰，短時間族人因為佔有地利的優勢，還可以抵抗日本人，
隨著日本人在人數上及武器上的優勢，族人不得不退下來，往山

1871年琉球人不幸船難漂流的地點，波濤洶湧的八瑤灣。

區撤離，頭目aruqu父子也在石門之役中奮戰身亡。

　　而後日軍進入山區摧毀牡丹社群部落，也使得清朝政府改變對原住民的政策，外來勢力逐漸進入部落，影響牡丹社群的發展與生活，但清朝政府始終未能真正的「治理」牡丹社群的原住民。

（一）戰爭的結束

　　經過石門戰役後，部落裡的勇士，繼續利用山林的掩護，來進行游擊戰，這不定時、不擇地而出的突襲攻勢，給日本軍隊很大的傷亡與困擾。日軍在戰爭後期已有許多軍人生病，到了八月中旬陷入幾乎全軍生病的慘況，其中弛張熱（熱病）約佔十之七八，傷寒次之，這是因為日本人不習慣熱帶生活所致，原住民罹患此病的很少。最後統計參加戰役的軍人（3658人）及軍中文職人員總共約5,900人，病人人次是16,409人次，多於兵員總數是因為有人罹病2-3次，最多一日有600名病患之多，連醫官本身都病倒，更有許多傷患送回日本，共計死亡393人（不包含回日本後發病死亡154人），而槍傷僅25人（死亡3人）。此外，幾次大雨與強烈的落山風，吹垮了許多日軍房舍與設施。可見得如果戰事繼續下去，勝負還在未定之數，日軍不用和原住民作

戰，可能就先被惡劣的氣候與不適應的環境給打敗了。

　　族人認爲當年並沒有被日本人打敗，當時日本人打的非常辛苦，也希望趕快結束這場戰事，戰事持續一段時間後，日人派人轉達停戰的意思，於是請潘文杰和其他部落有力人士，幫日本傳達友善的態度，並向sinvaudjan和kuskus的族人說明，日本人不想和族人成爲敵人，想做朋友，希望雙方協議，解除敵對狀態。部落領導者基於日方友善的態度，經過衡量同意解除雙方的敵對狀況，因此接受調停人的意見，才和日本協議，所以繼任的新領導人kuliu在保力和西鄉從道會談。

（二）事件後的會談

　　其他原住民部落的領導者，受日本所託多次前來遊說，爲了部落的生存，族人決定和日本人會談。在日本文獻《臺灣全誌》〈牡丹社外二社酋長的投降〉，記載牡丹社、女仍社、高士佛社等七個部落的領導者和西鄉從道，於保力庄楊友旺家見面的情形。可以看到日本對於族人的鄙視，字裡行間顯出日本的自大，把兩位頭目描述成態度非常卑微、膽小，看到日本人害怕的雙腳發抖，低頭不敢正視西鄉從道的可憐人。而內容又描述牡丹社、高士佛社兩位領導者，面對西鄉質疑爲什麼和日本作對，並且爲

何殺害日本人，均極力撇清，說明事先並不知道aruqu會帶領族
人和日本對抗，認爲和日本發生戰爭所帶來的災禍，全是aruqu
個人所決定的主意。甚至牡丹社的繼任頭目kuliu表示，戰爭發
生時他仍在山上打獵。對於kuliu說的話，已經無法查證，只是
部落面對外力入侵的時刻，kuliu往山中打獵倒是一件不合理的
事。

　　對於牡丹社群原住民來說，從來都沒有臣服於任何外界的政
權，和日方和談時，認爲是和日本人站在對等的地位，根本沒有
「歸順」或「投降」的想法。

（三）牡丹社群生活上的變化

　　牡丹社事件之後牡丹社群的部落狀況，可以從1875年英國
皇家地理學會會員畢齊禮（M. Beazeley）的描述來看，他前往
牡丹社並留下了記述：

　　牡丹社是中國新管轄區，多半爲茅草，由木柵圍繞。我們在
村長的茅屋投宿。他的生活遠離文明，看來不像一個漢人。住民
非常開化、有禮，有許多的小孩圍聚著瞧我們。伯朗先生草繪一
些船與動物取悅他們，我也願意讓他們貼著錶，聆聽滴答聲。我

們招待成人雪利酒，和加水的琴酒，他們十分喜歡。牡丹是一個
非常好的地方，位於山中的平原，似乎任何植物都可栽種。我也
注意到，蓖麻林四處生長，井水設在木柵裡，並不深。休息三小
時後，再度啓程，朝正東方出發，沿一條很好走的牛車路，這條
牛車路係日本與原住民打戰時築成的。

　　畢齊禮對牡丹社的印象很好，認爲牡丹社的人很容易相處，
並稱牡丹社是個好地方。在牡丹社事件剛發生過的一年，牡丹社
人對於這個外國人似乎沒有什麼敵意，和當時外界對於牡丹社人
的「兇殘」印象，有很大的差距。到1894年（清光緒20年）屠
繼善所修的《恆春縣志》中，對於縣境內的原住民風俗有過粗略
的描述：

　　其番也，或平埔與高山，路灣灣而曲曲。袒裸成群，不知恥
辱。女不紡織，男不菽粟；崇餉姑而崩厥角，夸獸皮而爲衫褲。
竹圈撐耳，居然草澤之雄；雉尾盈頭，輝映洞房之燭。頂冠朱
紅，頂彌草綠。脯鹿豕，酩酊醲醸。病不就醫，惟神是告；葬不
以棺，爲土是屬。雖椎髮而隸版圖，猶未知正朔之典錄。

潘文杰（1854年-1905年）

出生於屏東縣車城鄉統埔村。母親是滿州鄉斯卡羅族豬勞束社大頭目的妹妹，出生後被大頭目的弟弟卓杞篤收養，長住豬勞束社，為清末和日帝初期臺灣南部瑯嶠十八番社總頭目。

牡丹社事件爆發，日軍攻擊牡丹社與高士佛社的行動，潘文杰被日軍利用奔走於各社與日軍之間，有通敵之嫌，最後日軍於12月撤軍，結束了7個月的佔領。

光緒元年（1875年），清廷在恆春猴洞築城，潘文杰率眾參加築造恆春城有功，被清廷賜姓「潘」，漢名「文杰」。

光緒16年（1890年）2月與18年（1892年）6月，「恆春下番社」（即瑯嶠十八番社）與「恆春上番社」相繼發生動亂時，潘文杰為清廷

出力招撫各社，因而被清廷敘勳，賜五品官位。潘文杰有原住民族與漢族的血統，且經歷清、日兩個紛擾的時代，成為顯赫人士。

明治30年（1897年）12月，潘文杰44歲日本政府為報答他在牡丹社事件的功績，由賞勳局頒送他一枚勳六等瑞寶章以及天皇御賜的禮品，並於明治34年（1901年）委任他「恆春廳參事」公職。

歐代（出生年代不詳）

牡丹社少女，1874年被日軍強行
帶去東京，成為日軍戰利品，在日
本展示，所謂臺灣的蠻族，並有留
下一張照片，半年後被送回牡丹，
慘遭族人遺棄，孤寂山林之中。

阿魯克（出生年代不詳）

1871年高士佛社酋長。

1874年帶領族人對抗日軍侵略，
光榮戰死在牡丹戰場。頭顱被日軍
砍走，去向不明。

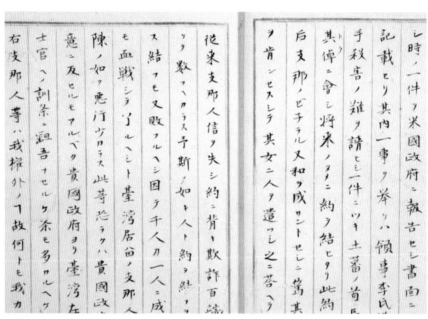

現藏於早稻田大學圖書館大隈重信關係資料

1872年此為卓杞篤接受李仙得訪問的契約內容，日本人將此翻譯成日文，內容提到「漢人經常失信背約、詐欺百端，因此決不與漢人締結合約」。

內容充滿了歧視與偏見，雖已薙髮仍不能得到官方的認同，可以看出官方對於原住民的誤解與反感，這和畢齊禮的內容大異其趣。在十九世紀末期的臺灣，有許多西方人在原住民的居住地，從事傳教、旅行或調查訪問工作，都沒有發生什麼事故，且大部份的西方人對原住民都有不錯的印象，並覺得原住民比漢人乾淨、善良沒有心機，待客熱情。

1898年9月，日本人類學家鳥居龍藏前往牡丹社，他的調查內容指出：

牡丹社可以說是山上蕃社的代表，在這裡以牡丹社為例，簡單說明山上蕃社的狀況。族人使用固有的排灣語，通曉漢語者極少。現在牡丹社一帶的風俗，與1874年〔牡丹社事件〕當時的情形，似乎沒有什麼不同。男子留一種髮辮，腰間只圍繫一塊紺色方布，遠行時才著披肩。女子把頭髮分梳，束起來盤繞在頭上，著舊式的漢服。住屋是土角厝，用茅草修葺屋頂，這種住屋羅列於山坡上。

牡丹社人是否還記得明治七年日軍征討牡丹社的事件？當年的牡丹社族人大部分被日軍所殺，倖存者也已經老了，族人之中長壽者稀少，幾乎很難找到老人來追憶詳情。其中一個四十多歲

名叫Kayava的人，當年在戰爭中還是個少年，在戰地幫忙撿拾地上的箭，也幫忙荷槍，運糧的工作，今天在社內受到尊敬，只有Kayava熟知當年的牡丹社戰役，其他社內能追憶者太少了。

　　一百年前來到牡丹社的鳥居龍藏，都無法從當時的族人中記錄下關於牡丹社事件的經過，更不用說是一百多年後的現在了。

　　牡丹社事件後，對於牡丹社群而言，生活習慣及社會風俗沒有多大的變化，部落仍然過著以前的生活，但對外界的認知與心態會有所轉換。在過去傳統的社會中，面對變幻莫測的大自然，以及許多原始社會無法解釋的現象，從內心發出敬畏的心；有時會遭遇天然災害，加上不同族群之間，有著敵對仇視的關係，人的生命財產自然無法保障。部落族人為了自身與整個部落、社群的安全，與入侵的日本軍隊對抗，對牡丹社群族人而言，這不過是一個戰役，只是敵人比以前強大。

（四）部落的重建

　　在牡丹社事件後，就是必須面對部落的重建，牡丹社群的部落房屋，被入侵的日軍摧毀，使得許多族人遷回tjakulavau重建家園，也有族人選擇在原部落附近重建，到了日據時期大正初

年，才又回到sinvaudjan等地，以當時的生活情況，這是須要花
費非常多的時間與心力。牡丹社群仍然維持著牡丹社、牡丹中社
和女仍社三個社的規模，其聚落形態比較分散，分布面積較大，
但位置都在牡丹山區附近。

　　牡丹鄉山區中有許多舊部落的遺址，是採用巨大的石塊與石
板爲建材，所以傳統的建築是以石爲材料，打鑿後建築而成石板
屋，後因牡丹社事件部落遭日軍摧毀，族人重建時因爲打造石板
過於費時費力，所以學習漢民族的建築技術，以竹、石、土和木
爲材料，重新興建部落。

（五）頭目權力的更替

　　石門之役，牡丹社頭目aruqu不幸重傷而亡，部落內領導者
的改變，權力結構面臨重新調整分配。牡丹社事件的發生，使
得kavulugan家當時的頭目aruqu父子陣亡，由次子繼承卻於壯
年亡故，後遺留的二子亦相繼死亡，kavulugan家從此絕嗣，由
遠系親族的puiku家繼承，此爲puiku家第一任頭目，後成爲牡
丹社的副頭目，而牡丹社由原本的副頭目ruljigaljig家的kuliu接
替管理。經過牡丹社事件後，牡丹社群有ruljigaljig、puiku、
kavaluan和boruq四個頭目家。

（六）外來勢力的介入

　　牡丹社事件後，清朝政府改變對原住民的政策。1885年（光緒11年）劉銘傳任臺灣巡撫，其工作包括：設防務、籌軍政、理賦稅、以及招撫原住民的工作。針對原住民的政策方面有

1874年照片，西鄉從道拜會琅嶠十八番社頭目，左一為水野遵等，要求協助共同打擊牡丹社與高士佛社。

三：一、先設撫墾局；二、討伐原住民；三、管理原住民。對於百人以上之部落，每社一社丁，月給口糧洋五元，春秋發給衣褲四件，五百人以上之部落，立一社長，月給口糧洋八元，有千人以上之社長，月給口糧洋十兩，春秋發給該社長全家衣褲每季每人各一套。

　　清政府另一方面也想從教育方面著手，1890年（光緒16年）3月，知縣宋維釗以牡丹社與車城莊民迭次仇殺，奉鎮憲督師剿撫。平定以後，通稟於城內設番義塾一處，額定番童一十三名，牡丹社六名，高士佛社三名，射不力社四名，來義塾讀書。並供給衣、食、書籍和零用錢，其用意在馴化、漢化原住民，使其服膺漢人的禮教及生活習慣。劉銘傳設義塾或教化堂，主要是讓各社頭目之子入學，給與衣食，教以語言，另其能粗識字義，因此具有「質子以降」「送子求撫」的現象；但日本學者小林岳二研究認為，由《恆春縣志》與《臺灣文化志》的內容看來，牡丹社與高士佛社的教育是失敗的。

　　在這段期間，仍有原漢的零星衝突發生，清政府也尚未能控制原住民，於是在1892年（光緒18年），恆春縣在海口、統埔設隘，恆春營游擊張世香請以高士佛汛移設四重溪，以扼原住民出入咽喉。1893年（光緒19年），高士佛汛改置四重溪汛，管

轄東北十里由石門山谷至雙溪口牡丹社山腳，步戰兵五名，守兵十五名。1894年（光緒20年），隘防的所在位置有海口、統埔和四重溪，知縣陳文緯勸令車城莊民捐建碉堡三座，於該三莊適中之處，保各相望，以資巡防。以上這些地方隘防與設施，主要目的是在控制牡丹社群的活動，可見清政府認爲牡丹社群的威脅仍在。

　　縱然清政府有意好好治理牡丹社群，以收攬民心，最後的成效不大。牡丹社群的勢力仍然可以對抗清政府，加上加芝來社及高士佛社，都仍然以自己部落的規範爲生活依據，所以清政府對於原住民的影響力很小。清政府在對原住民的政策上雖有心想有作爲，但是現實上遠在北京的朝廷不支持，加上沒有用心去了解原住民的文化，只用漢人的角度去看待原住民的行爲，因此無法產生效果。

結語

在臺灣近代發展史中，臺灣原住民族從主人的地位，逐漸變為被統治者。不同於其他的原住民部落，牡丹社群很早就踏上歷史的舞臺，並捲入的國際關係中，明治維新後西化成功的日本，第一場對外侵略戰爭的對手，就是牡丹社群與高士佛社的臺灣原住民排灣族，牡丹社群和高士佛社的原住民奮勇禦敵，保護自己的家園精神是令人感佩的。牡丹社群與高士佛社也在恒春半島的原住民中，繼續保持強悍自主的風格與具指標意義的部落。

在過去臺灣史只是漢人的殖民史，少有以原住民為主體的文獻，在歷史研究中原住民只是配角，隨著本土化研究熱潮的興起，原住民歷史文化變成熱門的研究題目，投入的研究工作者也越來越多。同樣的一段歷史過程，一個生活情節，一個儀式行為，因為研究者的解讀有所不同，而與原住民本身想傳達的意義出現差距，甚至影響了原先真正的想法，所以原住民更應該利用現代的文字，去構築過去屬於自己沒有文字記錄的那段歷史，開創原住民史的主體性，主導原住民文化的解釋權，這片土地上原住民的真實生活與文化風貌方能完整呈現。透過這樣的歷史追尋與文化探索，原住民可以在歷史中了解自己、認同自己。

參考資料

1. James W. Davidson原著，蔡啓恆譯，《臺灣之過去與現在（一）》，臺灣研究叢刊第107種，臺北：臺灣銀行經濟研究室，1972年。

2. 黃叔璥，《臺海使槎錄》，臺灣文獻叢刊（方志類），南投：臺灣省文獻委員會，1999年6月。

3. 屠繼善，《恆春縣志》，臺灣文獻叢刊（地理類），南投：臺灣省文獻委員會，1993年6月。

4. 藤崎濟之助，《臺灣全誌》，臺北：成文出版社，1985年。

5. 落合泰藏著，賴麟徵譯，〈明治七年牡丹社事件醫誌（下）〉，《臺灣史料研究》6號，財團法人吳三連臺灣史料基金會，1995年7月。

6. 小林岳二，〈臺灣原住民の辮髮〉，《臺灣原住民研究》第3號，1998年。

7. 王慧芬，《清代臺灣的番界政策》，國立臺灣大學歷史學研究所碩士論文，2000年。

8. 鳥居龍藏著，楊南郡譯註，《探險臺灣》，臺北：遠流出版社，1998年。

9. 許雪姬，《滿大人最後的二十年：洋務運動與建省》，自立晚報文化出版社，1993年。

10. 吳密察，《臺灣近代史論集》，稻香出版社，1994年。

2007年牡丹鄉公所舉辦「1874年牡丹社事件愛與和平」贈碑活動，將製作好的碑石，贈送給宮古島市。市長伊志嶺亮來臺和牡丹鄉林傑西鄉長，共同為「愛與和平」碑石紀念儀式揭碑。

1874年日軍攻臺前所研讀的文史資料。

2007年牡丹鄉公所舉辦「1874年牡丹社事件愛與和平」贈碑活動,宮古島市市長伊志嶺亮來臺和牡丹鄉林傑西鄉長,祭拜受難家屬。

2007年牡丹鄉公所舉辦「1874年牡丹社事件愛與和平」贈碑活動,宮古島市市長伊志嶺亮來臺和牡丹鄉林傑西鄉長,祭拜受難家屬。

140年來牡丹社事件之後的未完對決〈臺灣、琉球、朝鮮、中國、日本〉

楊孟哲｜國立臺北教育大學數位設計系專任教授兼臺灣文化研究所教授

　　1871年八瑤灣事件，是臺灣近代史最具爆發力的事件，引起國際間，歐、美、日⋯⋯等帝國主義，口水直流，爭奪臺灣群島亞洲戰略重要位置。1871年琉球王朝（尚泰24年）宮古島民在島主仲宗根玄安率領，与人（琉球古語，相當於今日的村長）3位、目差2人、筆者12人、船頭、乘組員、從者等51名，合計69名。

　　而問題之所在，也是整個事件最大的爭議點，在於，這群人因船難事件不幸於1871年農曆11月6日，漂流到臺灣南方屏東縣牡丹鄉八瑤灣海域，不慎走錯方向，步入現牡丹鄉高士佛社部落。問題是步入部落後，接受了排灣族原住民地瓜粥的招待，第二天，竟發生殺戮事件。過程當中，在楊友旺搶救安頓下，排解

並與原住民溝通，成功救助倖存的12名琉球人，並送往臺南府安置，由臺灣轉往福州之後，從命回琉球國。

一、清朝的安撫

次年，1872年（清同治11年），福州將軍文煜等奏琉球國遭風難民循例撫卹摺：

「為琉球國夷人遭風到閩，循例譯訊撫卹，夷伴有被臺灣生番殺害，現飭認真查辦，恭摺馳奏，仰祈聖鑒事。（中略）

伊等六十六人，梟水登山。十一月初七日，誤入牡丹社生番鄉間內。初八日，生番將伊等身上衣物剝去，伊等驚避保力莊地方。生番探知，率眾圍住上下，被殺五十四人，只剩伊等十二人，因躲在土民楊友旺家，始得保全。二十一日，將伊等送到鳳山縣衙門，轉送臺灣安頓，均蒙給有衣食，由臺護送來省，先在館驛等供。由布政使潘霨造冊詳請具奏，聲明牡丹社生番圍殺琉球夷，應由臺灣文武前往查辦等情前來。

臣等查琉球國世守外藩，甚為恭順。該夷人等在洋遭風，並

潘霨（1816年—1894年）

潘霨，字偉如，號鑄園，晚號心
岸，江蘇吳縣人。

潘霨出身於江南富有之家，自幼聰
明過人，博智多能，讀書甚廣。然
而，潘霨腳下的科舉之路卻很不平
坦，最後只得到了監生的頭銜。於
是，在20歲出頭，潘霨自蘇州來
到京師，靠捐輸銀兩而步入仕途，
後擔任蘇州人，官貴州巡撫，湖北
巡撫，以孝聞，工書法，精醫術，
施政仁柔。牡丹社事件中，清廷曾
先後派遣閩浙總督李鶴年、福建布
政司潘霨，以及船政大臣沈葆楨等
渡臺與日軍交涉。

楊友旺（1830年—1905年）

楊友旺是阿猴廳興文里保力庄人，生於1830年3月4日，清同治10年（1871年），擔任保力庄莊主。清同治十年，琉球宮古島，69人，自日本久米島駛往琉球那霸，途中遇颱風，漂流至瑯嶠八瑤灣，69人中，有3人溺斃，有54人遭番人捕殺，倖免者12人，由鄧天保（客家籍民）帶至保力首富楊友旺家保護，並護送到鳳山縣衙門，這12名琉球漁民之後被轉送臺灣府，於1876年搭琉球

便船返國，被殺害54名琉球人屍首亦由楊友旺及張眉婆、林碰獅等安葬於統埔村落邊沿。

清光緒元年（1875年），獲官府頒授六品功牌。

有同伴被生番殺害多人，情殊可憫，應自安插館驛之日起，每人
日給米一升、鹽菜銀六釐，回國之日另給行糧一個月，照例加賞
物件，折價給領，於存公銀內動支，一並造冊報銷。該難夷等船
隻傾覆擊碎無存，俟有琉球便船，即令附搭回國。至牡丹社生番
見人嗜殺，殊形化外，現飭臺灣鎮、道、府認眞查辦，以儆強暴
而示懷柔。除咨部，臣等謹合詞恭摺馳奏，伏乞皇太后、皇上聖
鑒，謹奏。」

　　按照中琉的交流史記載，當時琉球進貢船大多經釣魚臺海
域，後停留馬祖等待潮汐再進入福州，由於海勢險惡，常有進貢
船遭海浪所吞食，清朝都有慣例對於琉球國的受難者給予安撫，
並且獲得少許的補償。

　　1871年的琉球人被殺事件，清朝依琉球王的從主關係，
依慣例人道的立場，盡到天憫之責。但事件後琉球12名受難家
屬，在回國傳述口傳與記載文獻中，對於八瑤灣殺害事件依然是
避重就輕，事件的眞相爲何？追殺的起因爲何？都是眞相難辨！

　　事隔一百四十年，臺灣、日本、中國眾多學者依照學理文
獻研究探討，終究撲朔迷離，加上臺灣原住民都是「無文字一
族」，大多以口傳故事來轉述事蹟，事情的精準度，難免有遺珠

之憾，戰後在解除心防之後，口述歷史記錄起步甚晚，長者部分仙逝實有遺憾。

　　尤其1894年以後，甲午戰爭，清朝敗北，日帝統治下，臺灣原住民在日軍的嚴控之下，對於牡丹社事件或原住民的尊嚴，以大和民族的所謂「文明聖潔」觀點，原住民被冠上「蠻民一族」，行教化政策，愚民奴化之實；以理蕃政策，欺壓臺灣原住民的真性情；以皇民化教育，削弱原住民的部落文化，打壓消失無蹤差點滅族，部分排灣族家屬，為了避免二次報復早已改名換姓，閉口不談。

二、殺機的疑點

　　臺灣原住民亦可稱為「自然人」，所謂的自然就是和大地萬物共存的自然道理，因此，他們並沒有所謂的文字。受到外來入侵之前，完全是自我一格，也因此在近代化主義下，原住民對於歷史的觀點、事件後的歷史轉述，都是相當吃虧。1871年琉球人為何發生了追殺？排灣族人又為何大開殺戒？筆者研讀多方文獻資料，用現代的推理方式來擬提四大疑點，或許是引起殺機原因之一？

疑點如下：

一、1871年農曆10月30日，宮古島民當時航向琉球國首都首禮城，是一部進貢船，位階甚高，島主仲宗根玄安，依琉球史、中山國未統一琉球群島之前，本是島王。在日本明治政府佔領之前，琉球諸島島民大都有刺青等習慣，民族文化性格相當於南島文化，和臺灣的原住民有部分的雷同。船上有「与人」（是一句琉球古語，以現代語相當於當今的「村長」）3名、目差（副村長）2名、筆者（村里幹事）12名、船頭（船長）、乘組員、從者（隨行人員）等51名，依當時日本倭寇橫行在東南海一帶，實應配有刀劍武器保護官員，海難漂流至八瑤灣的時候，是否也攜帶武器？依文獻記載，66名成年人進入高士佛社之時，人數遠超過其原住民男子，雙方語言隔閡不通，雙方是否有對峙？機率甚高。而彼此產生了戒心，也爲凝結殺戮的氣氛埋下可能殺機。

二、1871年農曆11月6日，八瑤灣上岸後因爲船隻破損，以備用小船上路，當時遇到兩位人士，依文獻記載「二人皮膚焦黑，與琉球人長相相近，一開始產生了戒心，但在經過接觸後「卸下心防」文獻記錄裡，琉球人直到日本併吞之後禁止刺青，路途中被極有可能居住在高屏地區的平埔族馬卡道而不是漢人，

漢人是沒刺青，隨後被搶去了所剩的財富，當時琉球人約66位壯男，為何被區區兩人搶奪財富而去，或許是贈予，深感不解。因此步入原住民部落後，凝結起懷疑的、強力的警戒。

三、琉球人民步入高士佛社之後，歷經海難七天，飢寒交迫，加上11月天東北季風吹襲，寒夜中度過一夜。當時琉球人手腕實有刺青，和排灣族人實有雷同，當地人也招待地瓜粥溫飽，是否因糧食不夠不足，而激起竊食行為？依原住民當時的經濟收入，以打獵維生及栽種少許的小米或地瓜，糧食的缺乏可想而知。

四、1871年農曆11月7日進入部落，雖然屬冬季氣候，但臺灣南部通常氣候悶熱，當時的原住民女士大部分穿著簡單上衣，往往袒胸露背，是否激起了琉球人騷擾的可能？

總和以上四種疑問，再次探索、還原排灣族原住民事件真相的可能？

從八瑤灣事件到牡丹社事件（1871-1874），這12位存活的受難家屬，在日方口述當中，是否純屬正確？史料明顯偏頗日方，這些歷史記載，實應再次審視。

一百四十年來，臺灣人民在臺灣這塊土地上，迎面而來的除了「大自然的天災之外，就是政治的禍害」。八瑤灣事件只是

臺灣近代史上的一章，其影響力卻超越了臺灣本島所能承受的壓力。八瑤灣事件到牡丹社事件，是意外？還是人為？卻不經意的打通了臺灣任督二脈的第一道「血脈」，建立清朝與臺灣領土的歸屬問題。

三、打開臺灣氣脈、血脈

　　1874年—牡丹事件之後清朝政府終於領悟了，當時美國人李仙得慫恿日本出兵佔領臺灣島，當日軍攻佔侵略牡丹社之際，怕戰的清朝無力護臺，眼睜睜看著日軍佔領臺灣恆春半島達7個月之久，臺灣原住民及臺灣領土主權等長期問題，終於在牡丹社事件之後，下定決心急著以建臺灣省為當務之急，「以化外之民（凶蕃）轉化撫蕃政策」1875年光緒元年，在臺灣南部恆春建城池以確保恆春人民的生命財產安全，為事後建省而準備，欽差大臣沈葆楨辦理海防來臺蒞任，加強「海防」「撫蕃」「開路」同年七月上奏以設專屬臺灣巡撫，之後在中法戰爭，清大學士左宗棠以建立臺灣海防為重，再上奏終於在清光緒13年（1887年）脫離福建省，獨立升格建臺灣省，臺灣領土的主權歸屬問題

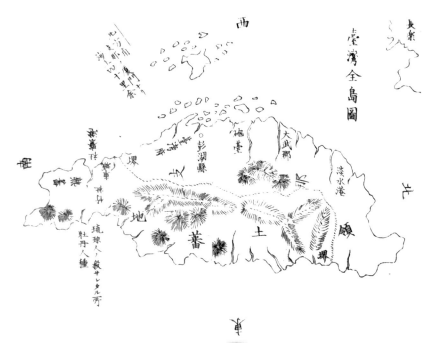

1973年（明治6年臺灣記聞新聞雜誌第百七十二號附錄）所發行的，首次出現臺灣的地圖，其證明日本人對臺灣早有侵略的野心及想法，這些地圖的繪製都來自李仙得提供的資料。楊孟哲 藏

迎刃而解，大陸人士大舉來臺建立了一連串清朝與「臺灣血脈關係」。

　　第二道打通臺灣人意志力「氣脈自我的認同」，臺灣人400年來自外來政權到1945年2次大戰結束，脫離日本皇民化，隨後的國民政府來臺，1949年蔣氏政權以戒嚴令再行「新皇民化（國民黨主義）教育政策」歷經臺灣人總統李登輝、陳水扁總統，兩次政黨輪替，過去在臺灣土地上一連串大小戰役，政權、政黨輪替、自古代荷蘭、西班牙、鄭氏王朝、滿清政府、日本帝國統治、中華民國國民黨等，臺灣從外來勢力中飽受欺壓凌虐，被統治中領悟了自我的抗壓性，這一切都是建立在臺灣島嶼上人民的綜合觀點，形成臺灣的意志力，在臺灣方圓不到400哩的小島上各民族群居於此將共同承受的壓力轉化爲生命力的聯結，是一種臺灣認同的氣魄。1871年的八瑤灣事件到1874年牡丹社事件，日軍藉故殺害臺灣原住民。而區區不到200名排灣族勇士，日軍卻在美國軍官政治販子李仙得協助下，擁有比排灣族還要現代化的槍砲，花了7個月時間，始終攻不下牡丹社與高士佛社。臺灣首位抗日民族英雄，阿魯克父子率領族人英勇不屈，以傳統武器，手拿排灣弓刀，誓死抵抗，在戰鬥中給予日軍重大傷殘。迷糊誤判情勢的清朝官員斷送了勝利契機，「賠了夫人又折兵」

讓日軍嚐盡了轉敗爲勝的果實，獲得清朝賠款50萬兩，讓日本政客享用了戰爭美食，引爆日後日本帝國侵略亞洲的原點。臺灣原住民排灣族在牡丹社戰役並非眞正被打敗，反而激起了臺灣原住民的意志力，啓動了臺灣原住民漫長的自我認同是新的一頁。開啓臺灣歷史「氣脈」一種正港的臺灣人的意志力，也是自我對臺灣文化認同（identity）的最高境界。

　　近代臺灣史分水嶺1871年至1874年間牡丹社事件，它不僅代表臺灣、琉球、清國、日本、甚至朝鮮等歷史重大外交領土主權民族對立大事，亦代表著日本近代朝向軍國主義、帝國大夢、殖民大國發展，以致影響亞洲各國導致世界秩序大亂。

　　1871年琉球人，不愼誤入排灣族部落，引發一場戰火。以日本角度看來，自認爲〈文明與野蠻〉的對決，其事後所帶來的因果效應又令人稱奇，如一場極戲劇性變化，彷彿90年代美國電影，史特龍主演的「第一滴血」點燃不可思議的一連串爭端，琉球子民留下第一滴血。1874年臺灣原住民排灣族在武士刀下，血流山河，留了第二滴血。日本大和民族以國際正義軍姿態，代理琉球王征臺。

　　其背後隱藏著日本自古以來取琉球國，爭佔朝鮮半島、攻略中國大陸之野心，霸態顯現無疑！日本明治維新之初，對內主張

1874年日本藉故征韓論的失敗，深怕影響日本的政局，因此藉故琉球國人民被殺事件，所營造的征臺論，一方面消除內戰的危機，一方面讓好戰份子征戰海外，因此發生牡丹社事件，最終造成琉球王國的滅亡。

「征韓論」失敗者，好戰份子之一西鄉隆盛，可能引發的社會對立動盪，甚至內戰危機之據，日本利用軟弱無能的琉球王尙泰，轉移焦點，主張「征臺論」化解危機。

命令西鄉隆盛之弟西鄉從道，懲罰出兵，一方面利用兄弟情誼，借用薩摩藩兵力，削弱西鄉勢力，另一方面平息好戰者可能點燃的內戰，事實利多於弊，再來征韓可能引起更大國際壓力，當時日本國力不足，軍力尙弱，社會、經濟不振，極可能步入豐臣秀吉之後爭朝鮮之災，因此選擇臺灣牡丹社終將成爲武士刀下的祭品。

1879年日本以「廢藩置縣」併吞琉球國，佔領首都首里城，命尙泰王居宿東京皇宮，擁有500年歷史文化的琉球國淪爲〈日本第一個新領土殖民地〉，征臺之後，表面琉球王風光，卻換來〈亡國之災〉。琉球文化、語言、歷史逐年廢除，強灌尊皇忠良愛國思想。斷絕清國之關係，爲日本明治維新下，最重要同化基地及殖民教育政策實驗所。1874年的牡丹社事件成功奪取對琉球王國的統治權，進而1875年，又借江華島事件敲開了朝鮮的大門。

1894年甲午戰爭爆發，清國敗退，割讓臺灣主權，日本一方面通過武力威脅他國，觀察清朝的動向，一方面不斷的增強本

國的國力和軍事實力。甲午戰爭奪得臺灣後，資源豐富的南亞成
了下一個目標。成爲日本第二個新領土〈殖民地〉，清朝先後失
去東北滿州……包括琉球、朝鮮、日本宗主關係，滿清大帝瀕臨
滅亡。如再讓我們再次回溯到當時時空，只能感慨清朝無能護土
護民，更證明日本明治維新大思想家——福澤諭吉之「富國強
兵」理論，以「文明開化」帶領大和民族「國家獨立」之途，走
向「脫亞論」去中國化入歐美先進國之啓蒙教育。福澤諭吉在他
的著作《文明論之概略》中，這樣寫道：

　　所謂的現代文明，不得不說是通過戰爭謀求國家獨立，通
過貿易使國家大放異彩的文明。爲擴大本國的權義，富裕本國的
人民，應該努力地拉大本國與他國的差距，即便沒有傷害他國之
意，也應加強自身的實力，削弱他國的力量，追求本國的獨立自
主。

　　18世紀後半期，社會經濟發生了巨大的變化，尤其是出現
了歐洲資本主義和殖民思想的興起。這其中伴隨著應該在世界各
國中擴大國家版圖的主張。這種勢力逐漸擴展到非洲大陸和亞洲
各國，很多國家和民族被破壞，文化被蕩平，國民生活水深火

熱，最終淪爲列強的殖民地，日本帝國主義終於在1889年正式成立，成爲吞食亞洲的新霸權，免於亡國。

同時間歐洲各國爲擴大勢力範圍，不斷地侵略亞洲和非洲。馬克‧彼得（Mark R. Peattie）在其著作《殖民地——帝國50年的興亡》中，這樣寫道：

在19世紀的西洋列強的東亞侵略中，日本最終沒有淪爲殖民地，這是不爭的事實。日本之所以能夠避免淪爲殖民地的命運，主要是因爲它把西洋式的攻擊矛頭轉向了其他國家和地區的緣故。

19世紀末，工業、商業和科學得到了突飛猛進的發展，但相反「人性」卻不斷喪失。那是佔領、統治、壓迫、殘殺的時代。政治家們常常就賠款、條約、通商等進行磋商，是腐敗和無秩序，人性喪失的恐怖時代。

反觀清朝末年，國力衰弱，沒有任何改變的國策使民衆倍受苦難。國土不斷被列強瓜分，國家瀕臨解體滅亡。

1894年8月1日，中日甲午戰爭爆發。日本政府通過明治維新已經脫胎換骨，成爲軍事大國。纐纈厚在他的著作《侵略戰爭

——歷史事實和歷史認識》中是這樣分析的：

明治維新是以國家權力的對外擴張即膨脹主義，依靠武力的領土擴張即侵略主義，宣揚民族優越性的民族主義爲特徵的日本近代思想的必要準備，同時，孕育了日本人心中的所謂的「帝國意識」。

脫胎換骨的日本軍隊在繼1874年征服臺灣後的20年，再一次品嚐到了勝利的滋味。同時，日本通過殖民主義政策和國內的工業振興，終於可以和世界列強平起平坐，只能感慨清朝無能護土護民，而從臺灣角度審視，福澤諭吉其一生之言論顯現其內心，也是一位隱性狂熱的帝國主義者假文明分子之一。

四、結語

140多年來這一切因果效應都在牡丹社事件當中的「決定性瞬間」持續發酵至今日。

當今日本敗戰政府，自民黨一群主張二次大戰無罪論大有人

在，對於日帝戰前行為避重就輕，二十一世紀之後，日本經濟泡沫，戰後所謂和平體制，在一連串經濟風暴下，面臨來自南韓以及中國的挑戰，政經已大不如前，以往亞洲一哥的形象，退居至老三角色！因此再次拉攏美國，成為他的軍事保護傘下，一個麻煩製造者，彷彿1874年李仙得的翻版劇。首先2012年釣魚臺國有論，在美日的安保條約下，於2014年再提出「集體防衛權主張」，企圖重整軍備，以軍火新貿易取代不振的日本經濟，陰陽雙管齊下，企圖再造日本新高峰，以軍事手段再次爭霸亞洲之構想！

今天我們回溯「1874年的那一役」，誰是真野蠻已經真相大白，所謂的文明也只是拿著槍桿子對外侵略，這一段血淚斑斑的傷心往事，不就是在詮釋、排解臺灣、琉球、日本、韓國、中國等，至今仍「未完的對決」嗎？持續燃燒的火種，在牡丹社事件後，是否真正解決了所有民族之對立以及國家前途？史實和記憶是提供瞭解，歷史現場是印證了人類得失，隨著新日本安保條約的更新將再次點燃東亞的新火藥庫，牡丹社事件140多年，所留下的最大課題是什麼？見仁見智，但不能忘記，歷史大河中的啟示與教訓，及可怕的因果效應。

參考資料

1. 《臺灣人四百年史》，史明著，1980年，蓬島文化公司出版。

2. 《文明論之概略》，福澤諭吉著，1995年，岩波書店。

3. 《福澤諭吉》，會田倉吉著，昭和62年，吉川弘文館。

4. 《明治國家之基本構造》，大塚桂著，2002年，法律文化社出版。

5. 《20世紀日本殖民地帝國50年之興亡》，MARKR・PEATTIE著，1996年，読売新聞社出版。

6. 《明治之日本》，鈴木敏夫發行，昭和35年，読売新聞社出版。

7. 《侵略戰爭──歷史事實與歷史認識》，纐纈厚著，1999年，筑摩書房出版。

李仙得（1830年-1899年）。
（Charles W.Le Gendre）為法裔
美國人。

曾參與南北戰爭，官拜合眾國少
將，後擔任外交官。1861年美國
南北戰爭爆發，招募紐約51師志
願步兵團。

1861年北授予該團少校。

1862年參與了羅諾克島之役，且
在1862年九月二十日升到中校。

1863年被晉升為上校。1864年，
在格蘭特領導的莽原之役中受重
傷，後以陸軍少將的軍階退伍。

清同治5年（1866年），出任美國
駐廈門領事。

同治6年（1867年），美國商船羅
妹號（the Rover，又譯羅發號），在臺灣東部外海紅頭嶼（今蘭嶼）觸礁沉
沒，其船長懷特夫婦，被龜仔角社土番殺害。

同治8年（1869年），進入瑯嶠與十八社總頭目卓杞篤談判，協議原住民不再
傷害漂流於此的西方船難人員，是為南岬之盟。

同治10年（1871年），琉球國宮古島漂民54人於瑯嶠遭原住民殺害，李仙得獻
策，中國政教不及「番地」，日本可用「番地無主論」作為出兵臺灣的大義，
副島聞言大感興奮，外務省遂在當年11月以準二等官聘任李仙得為顧問。李仙
得並為日本規劃詳細的出兵、殖民計畫。

同治13年（1874年，日本明治7年），日本政府成立臺灣番地事務局，李仙得
為日本擬定外交策略以蒙蔽國際視聽，並幫日本雇用外籍軍人、承租船艦、購
買軍火。

1875年，李仙得獲日本政府頒授勳二等旭日重光章。

1875年末，辭任外務省顧問。

1890年3月，李仙得離開日本，擔任李氏朝鮮高宗的顧問，1899年在漢城（今
首爾）中風去世。

克沙勒（1846年-1875年）
Douglas Cassel

出生於美國費城，畢業於美國軍
校，擔任少校。李仙得、克沙勒
（Douglas Cassel）和陸軍中尉
華森（James Wasson）都參與了
日本的侵臺軍事行動，死於1875
年6月15日。

2004年舉辦「牡丹社事件130年歷史與回顧國際學術研討會」暨牡丹
社事件歷史文獻資料展。
國家藝術基金會贊助，巴魯巴藝術工作坊主辦、牡丹鄉鄉公所、屏
東縣政府，共同協辦，楊孟哲總策劃。

2007年牡丹鄉鄉公所舉辦「1874年牡丹社事件愛與和平」贈碑活動，
宮古島市市長伊志嶺亮來臺和牡丹鄉林傑西鄉長，祭拜受難家屬。

2011年11月23日舉辦「1871
年八瑤灣事件140年歷史與還
原國際學術研討會」反諷性
的海報。

2009年屏東縣車城鄉鄉公所在琉球人的墳墓前，畫蛇添足的加了一座不倫不類鳥居。

2011年11月23日舉辦「1871年八瑤灣事件140年首次慰靈祭儀式」，前監委黃煌雄，縣長曹啓鴻等琉球代表野原耕栄、排灣族代表華阿財、楊友旺家屬楊信德等與會來賓共同圍繞在琉球人墳墓前，以表示和平團結。

2005年牡丹鄉排灣族華阿財，楊孟哲副教授，首次遠赴宮古島群尋求和解及拜訪市長伊志嶺亮等受難家屬，並舉行記者會。

2004年「牡丹社事件130年歷史與回顧國際學術研討會」暨牡丹社事件歷史文獻資料展，研討會現場，華阿財發表論文。

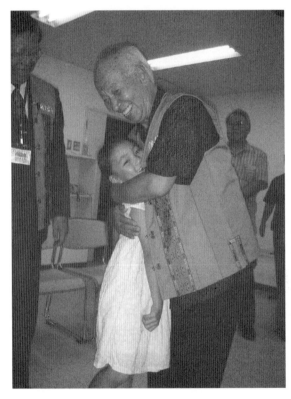

1871年八瑤灣事件殺害
琉球人民的原住民後代，
2005年，拜訪宮古島受難
家屬，首次相見，迎接我
們的首先是宮古島市長，
看見我們的小朋友，親切
的擁抱，讓當場所有牡丹
鄉的鄉民非常感動，見證
人類因為有愛而偉大。

2007年牡丹鄉公所舉辦「1874年牡丹社事件愛與和平」，宮古島市市長伊志嶺
亮來臺和牡丹鄉林傑西鄉長等，祭拜受難家屬。

2011年舉辦「1871年八瑤灣事件140年首次慰靈祭儀式」，左方為琉球受難家
屬代表野原耕榮，中間為楊友旺的曾孫楊信德，右方為前高士佛社勇士的後裔
代表華阿財，三方相見歡，祭拜楊友旺。

2011年11月23日舉辦「1871年八瑤灣事件140年歷史與還原國際學術研討會」
現場合照。

後 記

　　今年（2015年）為屏東恆春建城140年，適逢日本戰敗70周年，回顧1871年一場誤會所造成的屠殺，成就日本帝國主義的興起，也證明清朝末年國勢積弱不振，在1874年牡丹社事件戰役中虛張聲勢，雖援兵臺灣，卻怯於圍堵侵略的日軍，以致誤判戰爭情勢逆轉的可能，日軍現代部隊三千六百名正規軍，花了半年以上的時間始終無法攻下僅僅百位的原住民勇士，最後賠了夫人又折兵，不但不能保護臺灣的原住民，反而藉由贈予五十萬兩草草了事，讓日軍嚐盡戰爭勝利的果實，更埋下日本帝國主義興起的種子；如今再回顧這段歷史，令人感嘆！本人在此對本書的作者與論旨稍做介紹，並向他們致上最深的敬意。

　　第1章　以日本帝國主義興起的視角，回顧牡丹社事件之後，日本對於國際情勢的轉變，以及中國華夷秩序的崩壞，由日本左翼學派大師，日本國立一橋大學政治學博士，現國立山口大學副校長——纐纈厚執筆。

　　第2章　琉球子弟、年輕學者、現臺灣大學政治學系博士班
——比屋根亮太，以琉球人的角度，看牡丹社事件以來，琉球王
國的命運。

　　第3章　八瑤灣事件之後，日軍明治政府對於國內的征韓
論，恐造成情勢不利，因此利用琉球人被害事件，藉口出兵，解
決了日本好戰份子內戰的危機，對於清朝處置牡丹社事件的態
度，邀請中國北京大學歷史系博士——現華僑大學外國語學院教
授——胡連成執筆。

　　第4章　自1871年到1874年，從八瑤灣事件發生到甲午戰爭
的爆發，臺灣受日本帝國的統治，原住民一直是被打壓、歧視的
一個民族，而出土的文獻資料，大多是對日本有利且偏袒的，隨
著西方近代文獻資料的出現，真相逐漸明朗，邀請牡丹社事件參
戰後裔，現屏東牡丹國小老師，成大歷史系高材生——高加馨老
師，以原住民的角度，看牡丹社事件的原委。

　　第5章　馬關條約至今120周年，回顧臺灣這段期間的歷
史，自牡丹社事件以來到甲午戰爭日本帝國統治臺灣，戰敗之
後，2015年以集體自衛權主張想再喚起新日本主義，這一連串

的效應，都是在牡丹社事件發生以後，至今仍未能解決的國際問題，本篇以「140年來牡丹社事件之後的未完對決」爲主題探討這個未能解決的議題。

　　插圖　本著作除了大量使用圖片之外，由國立臺北教育大學藝設系學生——陳佳琪爲本書繪製插圖，以臺灣人的視角，鮮明的色彩和輕盈的筆觸，試圖勾勒出當時牡丹社事件當時的場景。

楊孟哲　謹識於2015年5月
國立臺北教育大學研究室

附　錄

八瑤灣事件大事年表
楊孟哲彙整

1867 / 清同治六年 / 尚泰二十年

03月12日　美國羅妹號商船在墾丁南方七星岩觸礁失事。

04月上旬　美國駐香港領事亞倫（Isacc J. Allen）建議國務院派兵奪佔臺灣。

04月中下旬　美國駐廈門領事館李仙得來臺處理羅妹號事件，無功而返。

1871年 / 清同治十年 / 尚泰二十四年 / 明治四年

10月　　　（農曆）宮古、八重山官員搭春立十二端帆官船四艘前赴首里城向尚泰王朝貢。

10月18日　（農曆）宮古、八重山官員69名朝貢後由琉球那霸港啓程回鄉。

11月06日　（農曆）琉球人漂流至八瑤灣。

11月07日　（農曆）琉球人步入排灣族高士佛部落。

11月08日　（農曆）不明原因琉球人逃亡被排灣族原住民追殺54名死亡12名被楊友旺等人所救。

12月22日	（農曆）12名琉球人在楊友旺協助護送往臺灣府城
12月29日	（農曆）12名琉球人抵達臺灣府城
12月	琉球宮古島原號船在八瑤灣失事，五十四名漂民被高士佛社及牡丹社民殺害，餘十二人獲楊友旺協助收容。

1872年／清同治十一年／尚泰二十五年／明治五年

同年日本採太陽曆（新曆）

01月10日	（農曆）搭臺灣府官船抵達福建省福州府琉球館安置
06月02日	（農曆）福州府安排下搭琉球國官船回國
06月07日	（農曆）12名安全抵達琉球那霸港，鹿兒島參事大山岡良上奏天皇，建請出兵臺灣。
10月15日	日本冊封琉球王尚泰為藩王，列為侯爵，日本派四名外交官駐琉球，代辦一切外交事宜。

1873年／清同治十二年／尚泰二十六年／明治六年

04月30日	副島種臣與李鴻章在天津交換前年所訂之中日修好條約批准書。
06月21日	總署值班大臣毛泉熙、董恂接見柳原前光，將臺灣原住民居地說成「化外之地」、「政教不及」之失言，讓日本取得征臺之口實。

07月07日　琉球遣使向日外務省請求取消征臺。

08月底-12月初　樺山資紀第一次來臺偵察。

10月25日　「征韓派」被「內治派」鬥垮，副島種臣隨西鄉隆盛等辭
　　　　　職。

1874年／清同治十三年／尚泰二十七年／明治七年

02月06日　大久保利通、大隈重信於內閣會議提出「臺蕃地處分要
　　　　　略」。日本內閣會議決定征臺。

03月09日　樺山資紀搭乘春日艦抵高雄。

03月27日　樺山、水野遵至瑯嶠、柴城探查。

04月04日　日本設臺灣蕃地事務局。

04月09日　英駐日公使巴夏禮照會外務省，質詢日本征臺，書面照會警
　　　　　告日本。

04月10日　明治召見李仙得、克沙勒等外國傭兵，任命李仙得為臺灣輔
　　　　　導都督。

04月18日　(1)美平安公使聲明局外中立。(2)英駐清公使威妥瑪派梅輝
　　　　　立特函會晤董恂，詢問清國是否知道日本出兵臺灣乙事。

04月25日　日本內閣決定中止出兵臺灣。

04月27日　西鄉從道強行出征，有功輪於長崎出發，先行廈門，大隈阻

止，出兵臺灣無效。駛離長崎。

05月02日　日將谷干城、赤松則良率一千兵，自長崎出發赴臺。

05月03日　西鄉從道一行，抵廈門。

05月05日　有功輪離廈赴臺。

05月06日　抵瑯嶠灣。

05月07日　日軍有功輪派出斥候與李仙得在射寮、車城一帶之舊識接
　　　　　觸，日軍官上岸勘查地勢。

05月08日　閩浙總督李鶴年接到西鄉從道出兵瑯嶠的會照。日軍先頭部
　　　　　隊登陸臺灣。

05月10日　李鴻章於「論日本圖攻臺灣」奏文，首度向總署推薦沈葆楨
　　　　　為專辦處理日軍侵臺事件負責人。

05月11日　(1)清總署致日外務省照會，並強調「生番」地實係清國所
　　　　　屬。(2)閩浙總督李鶴年發出第一次致西鄉從道照會，要求日
　　　　　本撤兵。

05月13日　枋寮千總郭佔鰲親到日營探查，被日兵阻擋，不得入營。

05月14日　清廷派沈葆楨以巡閱為名，赴臺灣「生番」一帶察看，相繼
　　　　　籌辦。

05月15日　日軍代表第一次會晤保持中立的射麻裡、豬𧟡束等社頭人。

05月17日　西鄉從道不聽政府阻止，率高砂丸、大有丸、光明丸，逕往

臺灣。史家稱為「西鄉暴走」。

05月18日　日兵六名在雙溪口、四重溪間被襲。

05月21日　清廷廷諭：派福建布政使潘霨馳赴臺灣幫同沈葆楨。日偵察隊在四重溪附近遇襲。

05月22日　日兵進四重溪莊沒收武器，日軍與牡丹社人爆發「石門之役」。西鄉從道乘高砂丸抵射寮港，載來增援軍隊一千九百餘名，石門之役日軍與牡丹社戰士戰況劇烈。

05月25日　西鄉從道於射寮接見射麻裡社頭人依碩等五社頭目。

05月29日　沈葆楨任欽差辦理臺灣等處海防兼理各國事務大臣。

05月30日　日軍決定於六月一日起兵分三路，攻打牡丹社等仇日部落。

06月01日　日軍兵分三路攻打牡丹社、高士佛社。

06月02日　日軍中央部隊、竹社部隊出發，由中路、南路圍攻。閩浙總督李鶴年發出第二封照會西鄉從道文，要求日本撤兵之照會遞交西鄉從道。

06月04日　日軍凱旋回營；牡丹社、高士佛社、女奶社人隱入深山藏匿。

06月06日　(1)柳原前光於上海兩度會晤潘霨(2)總署再度照會美署使衛廉士，反駁其推責說詞。衛廉士遂下令臺灣、廈門等處領事館，禁止美國人助日。

06月14日	防臺四策：聯外交、儲利器、儲人材、通消息。沈葆楨、潘霨分乘兩輪由福州馬尾出發赴臺。
06月15日	日兵再攻牡丹社。
06月17日	沈葆楨抵臺灣安平。日兵二人在雙溪口被牡丹勇士槍殺。
06月22日	潘霨與西鄉從道展開會談，迄06月26日。
06月30日	陸軍卿山縣有朋提出「對清三策」，力主「開戰膺懲」的第二策，要求帶三萬兵攻打清國。
07月08日	沈葆楨奏報防臺三策：理論、設防、開禁。日軍命陸軍卿山縣有朋兼任臺灣蕃地事務局出仕，並召艦隊集結待命，在不得已下，將對清宣戰。
07月11日	日兵調戲民婦張楊氏，並殺人案。
07月12日	西鄉致函柳原要求儘速和戰。
07月15日	李仙得被日本政府任命為特別辦務使，出使福建，企圖與李鶴年、文煜（福建將軍）展開交涉，並施加壓力，形成與即將赴北京的柳原前光，一南一北的夾擊外交。
07月19日	沈葆楨照會柳原公使，要求日兵自臺灣撤離。
07月21日	沈葆楨奏請撥掉南北洋大臣所屬洋槍隊至臺援助。李鴻章不肯。
07月25日	清廷派唐定奎部六千五百兵赴臺。

07月31日　日軍派土人賴加禮、楊阿二、陳阿三、陳阿尾等人，向加芝來社頭目溫朱雷討出尚存的琉球漂民首級四十四個。

08月06日　李仙得被美駐廈門領事下令逮捕。

08月23日　日本政府於今及09月13日、09月28日三度向日本全國人民公布大久保出使清國情形，以及萬一和談不成，政府「不惜一戰」的決心。

08月27日　淮軍唐定奎援臺部隊第一批抵臺。

08月　　　日本明治天皇則將皇宮建築費二十七萬日圓撥交征臺費用。

09月14日　日方代表大久保、柳原至總署展開第一次會議。

09月16日　(1)清日第二次會議。(2)英駐清公使威妥瑪（Thomas Wade）首次介入調停。

09月19日　清日第三次會議。

09月26日　唐定奎援臺部隊第二批抵臺。

10月05日　清日第四次會議。

10月　　　臺灣府「億載金城」動工，由法籍顧問柏爾都（Berthault）監工。

10月14日　唐定奎援臺部隊第三批抵安平。

10月22日　海軍大輔川村純義艦隊從東京出發（10月31日抵長崎，完成出征準備）。

10月25日	(1)大久保發出離京宣言。(2)恭親王急訪英使威妥瑪，希其挽留大久保(3)李仙得率部分日使團成員離京。(4)大久保兩度會晤威妥瑪。
10月31日	「清日臺灣事件專約」在威妥瑪見證下簽訂。
11月09日	日本政府下令退兵。
11月16日	大久保抵瑯嶠，樺山資紀隨行。
12月02日	福島九成會同府城知府周懋琦建「大日本琉球藩民五十四名墓」。
12月03日	日軍全部離臺。

1875年 / 光緒元年 / 尚泰二十八年 / 明治八年

01月30日	沈葆楨奏請於瑯嶠等城設官，並改縣城為「恆春」。
07月14日	禁止琉球奉清國正朔。
09月20日	朝鮮江華島事件。

1879年 / 光緒五年 / 尚泰三十二年 / 明治十二年

04月04日	琉球亡國，日本併吞琉球改設沖繩縣。

1887年 / 光緒十三年 / 明治二十年

09月	臺灣正式設省。

1895年／光緒二十一年／明治二十八年

03月30日　清軍簽訂馬關條約，割讓臺灣予日本。

1945年／中華民國三十四年／昭和二十年

08月15日　日本戰敗，國民政府收回臺灣，美國接管琉球。

參考資料

1. 《武士刀下的牡丹花》，愛德華・豪士（Edward. House）原著，陳正三譯述，原民文化，2008年12月。

2. 《臺灣人四百年史》，史明著，1980年，蓬島文化公司出版。

3. 宮國文雄（臺灣遭難事件），那霸出版社，1998年。

4. （清代中琉關係檔案選篇）中國第一歷史檔案館編，中華書局出版，1993年。

5. 清末中琉日關係史研究（上下冊），原著西里喜行，胡連成譯，社會科學文獻出版社，2010年。

註解

1. 日本帝國於1872年採太陽曆。

2. 琉球王國於1879年亡國後併入日本，「琉球人採太陽曆及農曆並行」。

3. 中華民國自西元1911年開始採用太陽曆及農曆並行。

1874年牡丹社事件戰爭年表
高加馨撰 楊孟哲彙整

1871年 / 清同治10年、日明治4年

12月下旬　琉球進貢船因遭暴風侵襲漂流至八瑤灣，進入排灣族高士佛社領域，高士佛社人以食物招待琉球人，琉球人過夜後欲離開部落，遭族人勸阻繼而因語言不通後雙方發生衝突，54名琉球人遇害，史稱「琉球漂民事件」，為日本征臺的導火線。

1873年 / 清同治12年、日明治6年

06月21日　清總理大臣毛昶熙，董恂接見日使柳原前光，稱「殺人者皆生番，故且置之化外，未便窮治」，日本稱此作為出兵臺灣行為正當化之理由。

1874年 / 清同治13年、日明治7年

02月06日　內閣會議決定出兵攻臺。

03月27日　枋寮巡檢陳懋功、千總郭佔鰲問其來意，日本人欲繪瑯嶠一帶輿圖而已，要求隨時查探。

　　　　　樺山資紀、水野遵在瑯嶠登陸，視察瑯嶠車站附近各社之地

理及其風俗。

04月04日　成功侵臺機構。太政官內置臺灣都督府，西鄉從道為臺灣事務都督。

04月20日　各國示意將出兵赴臺，總督大臣仍半信半疑，也沒行動阻止日本的行為。

05月03日　日艦有功號抵廈門，派人遞「日軍征臺通知書」。

05月06日　日軍有功號抵達瑯嶠灣。

05月07日　枋寮巡檢王懋功、千總郭佔鰲獲報有外國人於射寮地區上岸。

日軍上岸勘察地勢，聯繫射寮、車城地區舊識。

05月08日　牡丹社人已從友好的保力庄客家人處，得知日軍登陸準備攻打之消息。

閩浙總督李鶴年接到西鄉從道出兵瑯嶠的照會書，表示遵照條約，援引公法，令其即日回兵。

日軍先頭部隊登陸瑯嶠。日進號、孟春號等相繼開往瑯嶠。

05月09日　著手準備抵抗外力入侵，清理山頂陣地前的雜草、樹木，使防衛的視線良好。

日軍雇用瑯嶠地區居民開始於射寮地區構築工事，打探消息。

05月10日　李鴻章向總署推薦沈葆楨為專辦日軍出兵臺灣事件的負責
　　　　　人。千總郭佔鰲至瑯嶠至日營查探。
　　　　　日軍旗艦日進號抵達瑯嶠灣。日軍犒賞豬勞束社頭人槍、刀
　　　　　等物品。

05月11日　李鶴年嚴正地批評日軍侵犯中國領土並要求撤兵；同日總理
　　　　　衙門照會日本外務省，詰問未經商議即興兵臺灣，但照會因
　　　　　故遲1個月，於06月04日才到達日本外務省。

05月12日　臺灣道接待英國駐打狗領事額勒格里，獲得日軍已登陸瑯嶠
　　　　　的消息，臺灣道態度才轉變緊急。

05月14日　總督命沈葆楨帶領輪船兵劍，以巡閱為名，前往查看，不動
　　　　　聲色，等待時機籌辦。

05月15日　日軍會晤射麻里社及豬勞束社頭人。

05月17日　西鄉從道不聽日本政府之勸阻，恣意前往臺灣，史稱「西鄉
　　　　　暴走」。

05月18日　排灣族勇士，埋伏於草叢襲擊至四重溪偵查之日軍，並斬首
　　　　　日兵北川直征。
　　　　　瑯嶠地區颱風來襲，大雨連續下了3至4天，日軍營地受淹水
　　　　　影響遷移至龜山地區。

05月20日　三重溪發生1名原住民被殺，2名日本兵受傷。

05月21日	在四重溪攻擊日軍搜索隊12人。日本步兵第19隊250名趕往支援，牡丹社人與日軍交戰；但天色漸黑，日軍退去。
05月22日	牡丹社及高士佛社人倚石門峽兩岸山壁對抗，戰事甚為激烈。戰鬥發生於四重溪中，彼此槍擊連續1小時有餘，原住民帶走傷者，遺棄屍首，其首級多被日軍斬下帶回營地。在遭遇戰後，原住民拾獲許多日軍的槍砲武器。牡丹社頭目aruqu父子暨其他原住民16人於此役奮戰陣亡，史稱「石門之役」。
	道臺夏獻綸、知府周懋琦與日方福島九成在臺南會談，福島善於運用詞語，使臺灣府糊塗，繼續苟且偷安。
	西鄉從道抵達瑯嶠。佐久間馬太率日軍，以車城人黃文珍為嚮導，攻進牡丹社入口—石門峽。此役日軍死亡6人，受傷20人。黃文珍為流彈所斃，日人給其家屬25銀元。
	日軍砍下，頭目aruqu阿魯克與其長子頭顱。
05月23日	臺灣府代表周振邦副將與西鄉會談，雙方未及深論，而且周不嚴詞詰究，只探李仙得是否同來，及與牡丹社打仗的結果，態度和藹看不出要求退兵。
05月25日	日軍久攻不下排灣族部落，戰事不利西鄉等，買通射麻里16番社，禮品等賄賂部落頭目。

西鄉贈送16社頭目各一幅日本國旗，以示結盟。

05月29日　清廷任命沈葆楨為欽差大臣，辦理臺灣海防事務大臣，全權
　　　　　處理日本出兵臺灣事件。

05月30日　設立龜山基地總醫院。

06月01日　因人數、武器不敵日軍，於是隱入山林中，擊斃了日軍4
　　　　　人。

　　　　　動員1300名士兵和火砲，分四重溪（石門）、保力溪（竹
　　　　　社）、楓港溪（牡丹路社）三路圍攻牡丹社及高士佛社。

06月02日　牡丹社及高士佛社棄村隱入山中。女仍社一生病少女被俘
　　　　　擄。

　　　　　沈葆楨引用萬國公法，要求日本撤兵。

　　　　　日軍抵達通往牡丹社山口，北路軍開進女仍社，南路軍下午
　　　　　抵達高士佛社。

06月03日　隱藏在山林間的牡丹社及高士佛社人，仍不斷偷襲日軍，進
　　　　　行游擊戰。

　　　　　日軍攻佔牡丹社，將部落屋舍全數燒毀，日軍亦有傷亡。為
　　　　　了安全和交通問題，日軍遂撤出牡丹社，改在雙溪口設置分
　　　　　營，展開勸降行動。

06月04日　日軍三路會合，燒盡屋舍部落後撤退回營。

06月09日	日軍和11個與日方結盟之部落頭目進行會議，
	日軍攻擊牡丹社與高士佛社的行動以來漸漸不利日軍，潘文杰被利用奔走於各社與日軍之間，有通敵之嫌。
06月14日	趁日兵在牡丹社腳溪中洗浴，擊斃3人並取其首級。
	沈葆楨與李鶴年、文煜聯合簽名，提出「防臺四策」，清廷全部採納。
06月15日	再度接近牡丹社並且突襲日軍。
	日軍再度接近牡丹社，遭受牡丹社人突襲，1人死亡，多人受傷。
06月17日	原住民於雙溪口，趁日兵挖取番薯時，偷取洋槍反擊，擊斃日軍2人。
	沈葆楨赴臺灣安平，進入臺灣府接見鎮、道。
06月22日	沈葆楨派潘霨、臺灣道夏獻綸及隨員張斯桂等人，抵達瑯嶠與西鄉從道展開談判。
06月24日	潘會晤除牡丹社、高士佛社，女仍社以外之15社頭目，出具切結約束永遠保護漂民安全，並給予銀牌、衣服。
06月25日	潘霨等人再次會晤西鄉從道，雙方辯論激烈，但日本堅持「番地」非中國版圖所轄，拒絕撤兵。
06月26日	與日本達成「日本應暫停在臺軍事行動」之結論。

西鄉態度轉變，改而要求中國賠償軍費，約二百二十萬元。

07月01日　牡丹社、高士佛社頭目在保力莊與日軍會面，商談停戰事宜。

07月08日　沈葆楨探查實際情況後，擬了三個步驟，來對付日本的侵臺，一曰理諭，一曰設防，一曰開禁。

日軍集結艦隊待命，準備必要時與清國開戰。

07月11日　車城地區發生日軍調戲民婦殺人案。

07月12日　西鄉從道致函柳原前光要求盡速決定和戰。

07月13日　高士佛社12人至後灣日軍龜山營區。

07月15日　李仙得出使福建與李鶴年展開交涉，企圖於赴北京的柳原前光展開夾擊外交。

07月19日　沈葆楨照會柳原前光要求日軍撤離臺灣。

07月25日　清廷派淮軍6500名支援臺灣。

07月31日　日軍向原住民索取琉球漂民之首級44個。

08月06日　李仙得被美駐廈門領事下令逮捕，08月28日獲釋。

08月13日　柳原前光於總署展開會談，前後共計3次，沒有達成結論。

08月14日　日軍患病人數持續增加，全軍幾乎都生病，部分傷重者以輪船送回日本。

08月23日　日本政府支持強硬外交的共識，並表達不惜一戰的決心。

08月27日	淮軍唐定奎首批支援部隊抵臺，後續並陸續增援，迄11月共計達10,970名
09月14日	中日會談7次，當中日方曾經最後通牒，回國之恫嚇，經外國使節之調停，曲折迂迴。主要爭論的重點：一、辯番界；二、要求賠償。 日方全權辦理大臣大久保利通至總署展開1次會議。雙方於9、10月間總計召開7次會議。
09月28日	每日均有士兵因病死亡，連醫護人員都病倒。
10月31日	中日雙方代表以英國公使威妥瑪為證人，互換條款及憑單。 簽訂「中日臺灣事件專約」完成中日互換條約三款簽訂「中日臺灣事件專約」完成中日互換條約三款：一、承認日本出兵臺灣為保民義舉；二、中國給予受難民撫卹銀兩並出資買回日軍在臺灣設施（共五十萬兩）；三、此事之一切往來公文彼此撤回註銷，並設法約束原住民，永保航客不再受害。
11月09日	日本政府布告全國，下令撤回臺灣之日軍。
11月13日	派特使赴臺灣正式傳達退兵命令。
11月17日	大久保利通至石門古戰場巡視。
12月01日	清廷支付琉球死難民之撫卹銀。

12月02日　府城知府周懋琦會同福島九成，建「琉球蕃民五十四名墓」

完成。

西鄉一行人搭旗艦高砂號離臺，次日開始全部撤離。

12月20日　牡丹社、高士佛社等被日軍焚毀部落，重建家園。

日軍與清廷官員點交完畢，士兵完成撤離，事件至此全部

結束，總計日軍參加戰事文職共5990人次（兵員總數3658

人），患病人次16409人次（有人罹病2至3次），死亡561

人。

參考資料

1. 《武士刀下的牡丹花》，愛德華‧豪士（Edward. House）原著，陳正三譯述，原民文化，2008年12月。

2. 《臺灣人四百年史》，史明著，1980年，蓬島文化公司出版。

3. 宮國文雄（臺灣遭難事件），那霸出版社，1998年。

4. 《清代中琉關係檔案選篇》中國第一歷史檔案館編，中華書局出版，1993年。

5. 《清末中琉日關係史研究》（上下冊），原著西里喜行，胡連成譯，社會科學文獻出版社，2010年。

6. 《風港營所雜記》王學新譯，國史館出版，2002年。

牡丹鄉歷年來舉辦以及參與牡丹社事件之相關紀錄

王美連撰・楊孟哲彙整

2002年

11月　　在石門村、高士村進行文史採集、牡丹鄉圖書館館長王美連
　　　　口述傳說及影像調查。

2003年

12月27日　國史館主辦「牡丹社事件」文獻資料展示，以及翻譯日本資
　　　　　料「風港營所雜記」的新書發表。

2004年

11月24日　舉辦「牡丹社事件130年歷史與回顧國際學術研討會」暨牡
　　　　　丹社事件歷史文獻資料展。
　　　　　國家藝術基金會贊助，巴魯巴藝術工作坊主辦、牡丹鄉鄉公
　　　　　所、屏東縣政府，共同協辦，楊孟哲總策劃。

11月25日　牡丹社事件研討會結束後，楊孟哲、華阿財、又吉盛清，共
　　　　　同發起「牡丹社事件歷史和解與共生」。

2005年

03月29日	公共電視拍攝「古戰場風雲錄」紀錄片，舉辦【古戰場風雲錄】之浴血石門古戰場：牡丹社事件紀錄片試片會。
06月04日	牡丹鄉排灣族華阿財，楊孟哲副教授，首次遠赴宮古島群尋求和解及拜訪市長伊志嶺亮等受難家屬，並舉行記者會。
06月17日	牡丹鄉鄉長林傑西帶領，1871年八瑤灣事件殺害琉球人民的原住民後代，拜訪宮古島受難家屬，首次相見，見證「歷史與和解」。 文建會贊助，巴魯巴藝術工作坊、牡丹鄉鄉公所、屏東縣政府，共同主辦，楊孟哲總策劃。
06月18日	牡丹鄉鄉長林傑西帶領，1871年八瑤灣事件殺害琉球人民的原住民後代，拜訪宮古島受難家屬，首次相見，見證「歷史與和解」。

2007年

06月04日	成立「牡丹社事件紀念公園推動委員會」舉辦「細數牡丹滄桑‧疼惜原民未來──牡丹社事件歷史與回顧」研討會。牡丹鄉鄉公所、屏東縣政府，共同主辦。
06月04日	牡丹鄉公所鄉長林傑西，推動成立「牡丹社事件紀念公園大會」牡丹鄉鄉公所主辦。

12月5-7日　　牡丹鄉公所舉辦「1874年牡丹社事件愛與和平」贈碑活動，
　　　　　　　將製作好的碑石，贈送給宮古島市。市長伊志嶺亮來臺和牡
　　　　　　　丹鄉林傑西鄉長，共同為「愛與和平」碑石紀念儀式揭碑，
　　　　　　　雙方共飲連杯酒，象徵友誼堅固若石並祈禱和平長存。
　　　　　　　牡丹鄉鄉公所主辦。

2008年

05月23-24日　　屏東縣牡丹鄉97年度紀念「1874年牡丹社事件134年愛
　　　　　　　　與和平系列活動計畫牡丹社事件」厚植為本鄉的文化資
　　　　　　　　本，並賦予新的生命。牡丹鄉鄉公所主辦。

2009年

05月29日　　牡丹社事件135周年，鄉長林傑西為古戰場入口意象看板揭
　　　　　　　幕，楊孟哲副教授獲頒牡丹鄉傑出鄉民。
　　　　　　　由牡丹鄉鄉公所主辦。

2009年　　　屏東縣車城鄉公所在琉球人墳墓前搭建日本「島居一式」。

2011年

08月17日　　監察院黃煌雄委員重啟調查「1874年牡丹社事件」，並舉正
　　　　　　　多項錯誤及碑文的更改，並遠赴琉球本島研究調查。

09月15日　牡丹鄉公所於牡丹社事件紀念公園設立解說牌。

10月01日　牡丹社高加馨老師與楊孟哲教授、拜會又吉盛清教授為
　　　　　「1871年八瑤灣事件140年研討會」赴琉球舉行記者會，並
　　　　　尋找阿魯克的遺骨下落。

11月05日　楊孟哲教授呼籲拆除1874年琉球人墳墓前的「日本式鳥
　　　　　居」，還原牡丹社事件及琉球人尊嚴。

11月23日　舉辦「1871年八瑤灣歷史事件與還原國際學術研討會」受
　　　　　難家屬琉球代表野原耕榮來臺祭祀並舉行「140年首次慰靈
　　　　　祭」。
　　　　　行政院文化建設委員會、屏東縣政府、臺灣研究基金會、巴
　　　　　魯巴藝術工作坊、承辦國立臺北教育大學臺灣文化研究所，
　　　　　楊孟哲總策劃。

11月26日　琉球受難家屬代表野原耕榮，牡丹鄉排灣族代表華阿財，楊
　　　　　友旺遺族代表楊信德等，首次聯合祭拜恩公楊友旺。

2012年

05月19日　墾丁國家公園舉行「1874年牡丹社事件歷史之旅」活動。

2014年

05月22日　牡丹鄉公所舉辦「1874年牡丹社事件紀念公園」啓用典禮。

國家圖書館出版品預行編目資料

一八七四年那一役牡丹社事件：真野蠻與假文
明的對決／楊孟哲等著. ― 初版. ― 臺北
市：五南圖書出版股份有限公司, 2015.09
面； 公分.
ISBN 978-957-11-8229-2（平裝）

1.牡丹社事件 2.清領時期 3.排灣族

733.2768　　　　　　　　104014154

8V50

一八七四年那一役牡丹社事件：真野蠻與假文明的對決

作　　者 ― 楊孟哲、纐纈厚、比屋根亮太、胡連成
　　　　　　高加馨等著

繪　　者 ― 陳佳琪

發 行 人 ― 楊榮川

總 經 理 ― 楊士清

總 編 輯 ― 楊秀麗

副總編輯 ― 蘇美嬌

責任編輯 ― 邱紫綾

校　　對 ― 陳毓菁

封面設計 ― 陳佳琪　簡愷立

出 版 者 ― 五南圖書出版股份有限公司

地　　址：106台北市大安區和平東路二段339號4樓

電　　話：(02)2705-5066　傳　真：(02)2706-6100

網　　址：https://www.wunan.com.tw

電子郵件：wunan@wunan.com.tw

劃撥帳號：01068953

戶　　名：五南圖書出版股份有限公司

法律顧問　林勝安律師事務所　林勝安律師

出版日期　2015年 9 月初版一刷
　　　　　2021年10月初版二刷

定　　價　新臺幣280元

經典永恆·名著常在

五十週年的獻禮——經典名著文庫

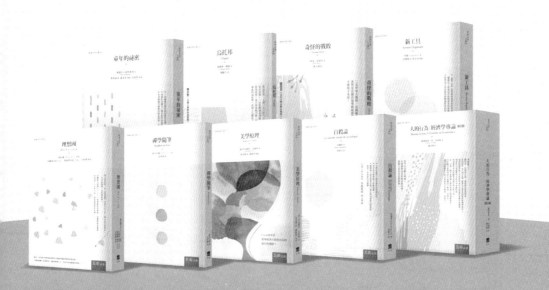

五南，五十年了，半個世紀，人生旅程的一大半，走過來了。

思索著，邁向百年的未來歷程，能為知識界、文化學術界作些什麼？

在速食文化的生態下，有什麼值得讓人雋永品味的？

歷代經典·當今名著，經過時間的洗禮，千錘百鍊，流傳至今，光芒耀人；

不僅使我們能領悟前人的智慧，同時也增深加廣我們思考的深度與視野。

我們決心投入巨資，有計畫的系統梳選，成立「經典名著文庫」，

希望收入古今中外思想性的、充滿睿智與獨見的經典、名著。

這是一項理想性的、永續性的巨大出版工程。

不在意讀者的眾寡，只考慮它的學術價值，力求完整展現先哲思想的軌跡；

為知識界開啟一片智慧之窗，營造一座百花綻放的世界文明公園，

任君遨遊、取菁吸蜜、嘉惠學子！